亚布力

企业思想家系列丛书

Business Thinkers Series

特别鸣谢 [illegible] 对本书的鼎力支持

亚布力中国企业家论坛◎编著

创业的痛点

50位创业先锋的心灵独白

知识产权出版社

全国百佳图书出版单位

图书在版编目（CIP）数据

创业的痛点：50位创业先锋的心灵独白/亚布力中国企业家论坛编著.
—北京：知识产权出版社，2018.1
（亚布力企业思想家系列丛书）
ISBN 978 – 7 – 5130 – 5411 – 9

Ⅰ.①创…　Ⅱ.①亚…　Ⅲ.①创业—案例　Ⅳ.①F241.4

中国版本图书馆CIP数据核字（2018）第009680号

内容提要

在这风起云涌的创新时代，青年一代已然成为创新、创业的主力。

2015年《创业维艰》的火爆，在一定程度上反映了创业者们的迷思。但在现实案例中，青年创业者们面临的问题更多样，也更复杂。什么样的人适合创业？选择哪个行业创业？如何选择合伙人？当合伙人不再适应公司发展时，创始人该如何应对？面对"互联网＋"的浪潮，如何正确面对并接受？人工智能的发力点在哪儿？……就创业之路上遇到的种种疑问或挫折，青年创业者们以亲身经历，在此书中向大家娓娓道来。

责任编辑：陈晶晶		责任校对：谷　洋	
装帧设计：邵建文		责任出版：孙婷婷	

创业的痛点

——50位创业先锋的心灵独白

亚布力中国企业家论坛　编著

出版发行：知识产权出版社有限责任公司　　网　　址：http://www.ipph.cn
社　　址：北京市海淀区气象路50号院　　　邮　　编：100081
责编电话：010 – 82000860 转 8391　　　　　责编邮箱：shiny-chjj@163.com
发行电话：010 – 82000860 转 8101/8102　　 发行传真：010 – 82000893/82005070/82000270
印　　刷：三河市国英印务有限公司　　　　 经　　销：各大网上书店、新华书店及相关专业书店
开　　本：720mm×1000mm　1/16　　　　　 印　　张：15
版　　次：2018年1月第1版　　　　　　　　 印　　次：2018年1月第1次印刷
字　　数：225千字　　　　　　　　　　　　 定　　价：49.00元
ISBN 978 – 7 –5130 – 5411 – 9

成功创业者的特征[*]

文 **沈南鹏** ▶ 红杉资本全球执行合伙人

一个国家经济发展的最重要的标志是企业的成长。《财富500强》从20世纪60年代开始统计数字，据统计，1970—1980年这一批世界500强的公司中有21%是新入选的企业，1990—2000年是30%，2000—2010年是35%。这说明全世界的经济都在巨大的变化中发展，如果领先的企业不能调整和创新自身的商业模式，就会在竞争中败下阵来，而那些优秀的企业则会脱颖而出成为"明日之星"。所以，企业的持续创新非常重要。

创新的基础条件

第一，创新型企业的成长必须有一个非常良好的土壤和生态环境。不管是在中国，还是在硅谷、以色列或者其他有创新型企业的地方，都有一个核心词，那就是以市场经济为主。今天的互联网行业成长迅速，其中非常重要的一个因素是，市场经济在这个行业里面起到了根本的、主导性的配置资源的作用。市场经济意味着充分竞争，只有在充分竞争的环境中，优秀的产品和服务才能脱颖而出，企业才得以成为这个行业里领先的企业。

第二，要注重知识产权保护。中国现在所谓的科技应用是多了一点，这方面的资产保护可能也相对难一点。另外，虽然基础科技方面的知识产权较容易得到保护，但我们的实力还相对薄弱，华为、联想是比较好的例

---

[*] 本文为作者在第十届亚布力夏季高峰会上的演讲。

子，这方面是创新型企业最希望看到的。

第三，要有完善的法制环境。行业中的摩擦是不可避免的，只有完善的法制环境才能让企业快速发展。虽然在过去的五年里互联网里有很多报道，但那并不影响行业的发展。30年前如果看到这样的报道大家会很焦虑，但事实上，企业发展中出现所谓的公司与公司之间竞争的状态，其实很正常，重要的是我们有一个完善的环境。

第四，要有适度的监管政策。对创新来说，宽松的监管政策比较好，但这并不适用于所有的行业。比如，金融行业关系到大众民生，恐怕不能采用所谓"特别宽松的监管环境"。我们看中国的政策环境，尤其是在信息科技环境里面，最重要的是稳定的、一致性的监管环境，不要出现很大的起伏。

第五，创业者要努力。创业者在创新过程中的付出很多，财富显然是他们非常重要的一个诉求。但我相信，今天中国很多的企业家已经不仅仅在为财富而努力耕耘，对他们而言，更重要的是成就感。大部分媒体也在为企业家和创业者喝彩，这样的成就感将给企业家以更大的动力去推动创新。

第六，证券化。30年前没有证券化，一个公司挣20亿元，价值是多少？今天有了资本市场，当然，这个资本市场发展得还不是很完善，但资本市场给了大家一个定价，比如，腾讯是1600亿美元，百度是500亿美元，所以非常好的证券化手段，对创业者是一种鼓励和支持，这跟成就感同样重要。

创业者的特征

我接触了很多年轻的创业者，他们的特征是什么？我感觉有以下五点。

第一，有承担风险的意愿和准备。因为创业和创新都会有很多曲折的道路，也会碰到很多艰难险阻，因此，这个时候创业者是需要有很好的准备，愿意承担风险，敢于承担失败。

第二，有开放的心态。很多传统行业的企业家问我，应该怎么面对互联网或者是移动互联网的挑战？这个问题就非常重要，我认为应该用一种开放的心态去学习和了解一个新鲜的行业。

第三，重视资本和资源投入。很多产业必须通过长期、持续的资本投入才能产生服务，资源的投入同样也很重要，比如说，时间和人脉关系的投入，这是企业家需要考虑的。

第四，有长期的观点和视野。因为创业者往往需要面临中、长期的战斗，所以这时候如果有一个比较好的、稳定的监管环境，就容易产生一种长期的观点和视野。全世界都在吸引企业家，作为企业家最重要的一个诉求就是希望在一个稳定的监管环境里做一个长期的投入。

第五，追求卓越和极致。互联网让世界越来越平，如果有很好的产品和服务，那么不管在哪里，都会成为全世界的产品和服务，因此在这样的竞争条件下，只有做到最好才能成功，而不是做得比较好，所以追求卓越和极致是互联网环境下的精神。

创新成功必要元素

今天的中国比二三十年前有了更多、更好的成功元素，但还是有很多地方需要进一步提升。

首先，要有创新意识的大众。

我说的大众不仅仅是指1~2位企业家，一家创新企业里面的CEO（Chief Executive Officer，首席执行官）当然是最重要的"掌舵者"，但是企业的中层和高层必须要在每一个层面考虑公司怎样具有创新的想法和能力，这样一种文化的氛围远远重要于知识和技能。

其次，要有资本的推动。今天资本和公司之间已经达到了相当的平衡，既有大量的天使基金，也有大批非常活跃的、有经验的风险投资基金，它们都起到了非常大的作用。互联网的发展，包括信息科技的发展有一个非常有意思的现象，即绝大部分的成功企业都是有风险投资支持的，而不是来自于一个大部门的分拆和孵化。风险投资把管理权、执行权毫无保留地让给创业者，这一点对企业最终的成功起到了关键性的作用。近五年，在美国上市的中国企业的市值前十名几乎都有风险投资的身影，很多还有多轮风险投资的参与。

对创新环境的展望

在过去的四五年里，我有机会跟很多80后、90后的创业者打交道，我得到的结论是，新一代会比上一辈的创业者更加出彩，原因是这批年轻人有更加开放的心态、更加国际化的视野。30年前要求中国第一批创业者带着一个非常长期的观点、带着一种冒险精神确实难度太大，因为我们那时候整体的经济水平比较低，人才储备不足，那时的心态还是从饥饿走向温饱。但今天的中国已经站在温饱线上了，今天的年轻人有更多的时间去想在这个基础上如何创造下一个辉煌。我相信，在中国80后、90后当中一定会诞生下一个联想、华为、百度、腾讯和阿里巴巴！

目录

创业维艰

　　创业不能仅仅只靠热情和激情，还需要很多因素做支撑。为什么要创业？选择什么行业创业？自己的性格、经历、知识背景是否适合创业？如何才能提高自己的创业成功几率？……创业者需要考虑和面对诸如此类的问题。

我的三大创业迷思

文 **陈浩然** ▶ Lumen Labs、智能单车头盔创办人

我们做的是自行车头盔，我们的产品把LED灯装到了头盔上，并结合了运动传感器，当你刹车或者左右转的时候，头盔上相应的指示灯就会亮起，提高了晚上骑自行车的安全性。2014年，我们在国外做了一次众筹，在一个月时间里就筹集了80万美元。这个资金已经足够支持我们把产品做出来，而且可以支持我们扩大团队。

今天我想以"创客"的身份跟大家分享一下，在今天小米公司将硬件做得这么便宜的情况下，作为硬件创客的我们有什么方法突围。在这里，我谈三点对于创业的迷思。

第一，我在深圳和中国香港跟很多人交流、沟通，他们都说做硬件一定要先做一个平台，要有一个APP，先攒到用户再通过软件去赚钱。一定要这样吗？Lumos其实是从创客节出来的，当时我们做了一个产品模型，把它拿到街上，问那些路过的自行车爱好者对这个产品的看法。当我们打开头盔的时候，他们的眼睛都亮了，他们惊叹于产品的简单和构思的巧妙，说这么好的想法在此之前都没有人构思过。在与自行车爱好者沟通的时候，他们提到最多的词汇就是安全。我们这个产品最能打动他们的，就是可以提高他们在夜间骑车的安全性。最后，我们拿去众筹的产品，在功能上与模型相比并没有更多的改变。因为我们这个产品的定位非常清楚，而且也很简单，所以客户第一眼看到这款产品的时候，就能理解我们想干什么，这是我们众筹成功的首要原因。

有些人或许会问，如果再多加一些功能，客户会不会更喜欢呢？

其实，深圳有一家公司与我们在做同样的事情。他们也做了一个单车头盔，很酷炫，功能很多，包括蓝牙耳机、麦克风、APP社交等，但他们最后筹到的金额是25万美元，不到我们的1/3。通过这个对比就足以说明，产品并不是功能越多越好，而是一定要抓住用户的"痛点"。

第二，很多人跟我说，做硬件要大量生产，所以一定要有风投。其实我们并没有走风投这条路，我们只是从朋友、亲戚那里借了一点钱，用众筹的方式去筹集资金。国外的众筹跟国内的众筹有些不同。国外的众筹就是一些创客把他们很初期的想法放到众筹网站上，让感兴趣的顾客去购买。而国内的众筹更多的是预售，是一种营销活动。

当然，如果我们只是简单地把这个想法放上去，肯定也不会有太多人来看。于是我们在前期投入大量时间去研究如何通过Facebook推广我们的想法和产品，我们尝试了十几种不同的广告文案以及图片，从中比较哪个组合最能吸引顾客。最后我们决定并推出来的文案产生的投资回报率大约有10倍，就是说我们投入了8万美元，最终拿到了80万美元的营销额。我认为这个渠道非常有效，而且它的"天花板"很高，一直到今天，我们还继续在Facebook上投放广告，回报率也一直比较高。

第三，现在小米公司很厉害，小米的摄像机售价299元，小米手环售价99元，那么我们做的所有硬件都要这么低价？对于初创企业来说，头一两年可以专攻线上渠道，可以直接在天猫、京东上营销，那么你的成本、利润空间是可以控制的。但是对于我们做自行车配件的初创来说，很多的硬件产品主要还是通过线下的零售渠道把量做大。

一般来说，经销商只会以零售价的一半作为他们的进货价，但是如果经销商的进货价只有成本的130%或150%的话，那么这就意味着走线下渠道会亏钱。而我们的定价策略并不是走低价来吸引顾客。我们现在的定价是134美元，这个价格已经把走渠道的利润空间计算在内，这样做就可以给我们足够的生存空间，进而去扩大销量。

希望我做Lumos的经历可以对其他的青年创客有一些启发，同时也相信我们一定可以利用这些渠道和工具把自己的想法做成有价值的产品。

找准行业再创业

文 杨　歌 ▶ 星瀚资本创始合伙人

今天我跟大家分享的主题是如何看待未来的创业，希望能给各位一些启发。

我们创业的目的是什么？有的人认为，是先有想法，然后建成一个公司，再把它做到上市。如果是本着这样的目的创业，最后很可能失败。一般来讲，创业要有情怀，你要非常懂这个行业，要有信心把这个行业做得非常好。

那么，到底什么样的创业才是一个好的创业？我认为，要很了解你所选择的行业，得有一定的经验，总结出一套自己的方法，并且可以把经验和方法规模化，这就是好的创业。创业的过程，就是不断提炼、升级和进化的过程。

美国"南北战争"时，枪被发明了，最开始大家都不会用，只是站成两排，像拿刺刀一样，指挥员下令后，双方相对射击。这就说明了一个问题，就是当一种新工具刚出现的时候，大家都不会使用，但是一旦谁先掌握了新工具的使用方法，那么谁就将在战争中占据上风。对于现在出现的互联网、大数据也同样如此。

回顾历史，我们可以看到人类科技的进程是从工业革命到电气时代，再到电子时代，然后到了互联网时代，以20年为一个周期，接下来我们就将迎来智能时代。无论在哪个时代，每一个行业、每一个企业都要经历从经验化、规范化、标准化到数据化的一个过程。以星巴克为例，星巴克员工制作一杯咖啡要多长时间，怎么和其他人配合，接多少水都是数量化的。它已经通过了经验化到规范化再到标准化的过程，达到了数量化。而中国的餐饮行业要想达到数量化，还需要一段时间，现在中国的大部分餐厅还是依靠经验来操作，这就是差距。

在当今这个时代，数量化并不能满足一个企业的发展，企业还要需要继续经历结构化、系统化、自动化和智能化的过程。比如，特斯拉就已经进入了比较全面的自动化阶段，而智能化是企业的进一步进化与升级。目前，许多世界前沿的企业已经走到了自动化、智能化的阶段，相对于同行业还停留在标准化、规范化的企业来说，它们已经抢先一步，拥有了巨大的增值空间。

研究完企业创业发展的过程之后，再来分析一下使企业不断向前发展的驱动力。我们认为，这一驱动力有三种形式。

第一，商业化的过程。过去200年，西方很多行业制订了非常多的规则，比如金融行业、咨询行业、工业行业。人为地将规范化和标准化的东西集成起来，从而形成一套体系，我觉得这就是商业化的过程。

第二，网络化。1980年互联网兴起，互联网以数字信息为基础，而网络化是借助互联网倒逼企业规范化的一个过程。以二手奢侈品交易平台奢

品汇为例，它的创始人最初以线下运营为主，并不懂互联网，但当他知道要想从线下转到线上，就必须招聘网络工程师和数据工程师，甚至还要招聘算法工程师——这就是一个被逼出来的过程。所以互联网行业、TMT（Technology、Media、Telecom，即科技、媒体和通信）行业的发展，使很多人为了适应时代的需求迭代出了更系统化的思维。

第三，智能化。互联网之后什么东西具备更强的迭代能力和进化能力？那就是大数据、人工智能（AI）。

接下来，我们就探讨一下智能化，但我们应首先讨论一下什么是互联网。我认为，互联网就是一张网，每个人、每个企业都是当中的节点，人与人之间会进行信息传递和沟通，这就形成了交互，形成了互联网交互交流的能力。任何人进入这张网后，都会产生"涟漪效应"。比如，一旦新闻报道了亚布力中国企业家论坛（以下简称"亚布力论坛"）的相关活动，我周围很多朋友就知道了，一天之内"涟漪效应"就出来了，这是互联网非常强的特性。

互联网发展到今天，我们主要关注的有三个方面：终端、网络和云端。终端能力是进行数据交互，网络具有迭代和交流的功能，云端是储存数据、计算数据和产生智能。如果将这三方面来对应相对的行业的话，分别是智能硬件、互联网+和大数据；如果拿人做比喻的话，其实就是人的器官、神经和大脑。过去几年，中国发展最好的是互联网本身。因为中国人口多、传播速度快、成本低。但在硬件的开发方面做得并不够好，云端和数据也有待我们进一步开发。

在智能硬件、互联网+和大数据三个行业中，最重要的是大数据。大数据是将数据不断收集、整理和迭代，待把数据实体化之后，我们再据此来制订商业策略。比如，美国有一家小店，当暴风来的时候雨伞和蛋挞都卖得很好，看起来两者没有相关性，但是店主根据这个数据做出经营调整，使这家小店确实获得了更高的收入。其实，在生活中我们很多地方都使用了大数据，比如像"出门问问""衣二三"这样的平台。这些平台收集了非常多的数据，然后对数据进行计算，再将运算的结果运用到经营战略中，这就是运用大数据的过程，也是大数据的循环。当然，大数据还有很多其他用处，比如大家都很关注的AlphaGo（阿尔法狗）。机器人最重要的不是硬件和器官，而是大脑，通过对大数据的收集和分析，实现人工智能。

人工智能其实是大数据的一个衍生，它可以分成三部分：第一部分是我们赋予计算机的智能；第二部分是计算机依据我们所赋予的智能迭代出来的智能；第三部分是计算机很难迭代出来的感性智能，就是计算机的情商。以下棋机器人为例可以说明这一问题。最开始我们告诉它怎么下，路线是什么，然后它迭代出了智能下法；或者我们赋予了它一个函数，不断用各种各样的算法迭代，然后产生了智能。最终，我们创造出来的机器人，只要告诉它一个简单的应用，它就可以不断地训练自己，最后变成人性化的机器。

总而言之，每一个行业都有自己的特性，有的行业正处于从自动化到智能化的过程，有的行业还处在从经验化到标准化的过程。这里我要说明的问题是，并不是只有从自动化到智能化的行业才具有更多的机会。实际上在中国，大多数行业都还处在一个很基础的状态，它们需要基础化的升级，不需要嫁接过多的互联网或者智能化过程，而需做到更加标准化以后才能发展得更快。如果我们抓住了这些特点，就会发现中国市场中的那些蕴含大机遇的行业。我们长期关注并且认为发展得很好的行业有不少，比如电子商务、O2O（Online to Offline，线上到线下）、大数据等，它们都已经具备了最新的方法论。而对于很多其他行业，比如工业制造，它们也开始了方法论的缓慢迭代，但是离最终的智能化还有很大的距离。不过这并不意味着这些行业没有发展空间，只要它们在现有的阶段继续往前走一步，就会产生很大的价值。

在经济学原理中，技术和行业的发展就是一个公式，跟技术和人力资本有关，每个时代都有不同的方法论在推动技术和行业的发展。我们应该关注更多的行业，拓展视野。在中国，有很多行业值得关注，我也希望能跟大家一起见证和帮助这些行业发展。

"双创"要依势而行

文 杨一夫 ▶ 人人贷联合创始人

人人贷成立于2010年5月，2010年10月网站正式上线。我们三个创始人之所以会选择这个领域去创业，第一个原因是我们都具有金融行业背景，第二个原因是我们在互联网金融领域看到了比传统金融更多的机会。虽然互联网金融行业在2010年的中国还是一个很新的概念，有很多困难，但我们愿意去尝试，去创新。

2010年，美国的一些互联网金融公司虽然还没有具备很强的影响力，但已经在交易量和用户规模上出现了拐点的趋势。在美国，个人金融服务非常发达和完善，而中国的个人金融服务还非常匮乏。在这种市场状态下，我们认为互联网金融在中国可能会有很强的生命力。

基于这样的考虑，我们在正式上线前做了一些市场调研，其中一个问题是大家是否愿意通过互联网把钱借给陌生人，在几百份问卷中只有三四份问卷的答案是"愿意"。这就很好地体现了当时中国互联网金融的市场状态。虽然现实情况不容乐观，但是从另一个角度看，有些事情没人做可能是一个好事，可以由我们去验证这个模式的可行性，由我们把这个新的金融模式带到中国，来改变中国传统的金融模式。

我们的运气还是非常不错的。2010年公司成立以后，行业竞争环境相对宽松，给了我们试错、学习和成长的机会，让我们在2013年行业迎来快速增长的时候，在同业竞争中更有优势。当然，能在激烈竞争的市场中存活下来，并且在行业中占有不错的位置，我们优秀的团队也是功不可没的。

公司刚成立的时候，我们想照搬国外原始的P2P（Peer to Peer，个人对个人）概念，通过互联网达成交易，但后来发现，因为中国的信用体系和个人征信体系不够完善，信息碎片化程度高，这个模式在中国推行会有一定的困难。基于这种情况，我们在2011年成立了一家征信公司，主要工作就是验证借款人的真实性和信用情况。

目前，互联网改变了金融的服务心态，也在一定程度上改变了风险控制的方法，但本质上没有改变金融的逻辑。现阶段，过去的金融逻辑依然适用。因此，我们始终坚持稳健的发展理念，严格控制资产质量，不盲目扩张。在稳健发展之外，我们也做了很多创新，其中包括：新的商业模式、新的金融产品、新的信息披露机制等。我们在行业内率先做出这些创新，起到了带头作用，在稳健和创新之间寻求了一种平衡。

亚布力论坛一直以来为成功企业家提供了一个交流和展示的平台，但是在今天的青年论坛上，让我看到亚布力论坛也开始向我们这些正在创业、正在摸索的年轻人开放了一个交流和展示的平台，这是这个时代带给我们年轻人的红利。

一个人在15岁之前接触的科技大多被认为是理所应当的，在15~35岁时接触的科技大多被认为是可以改变人们生活方式的，在35岁之后接触的

科技很可能被认为是大逆不道、无法想象的。而我们这个时代科技的变化速度非常快。50~100年前，每一个10年间可能不会发生很大的变化，100年前和50年前的区别并不明显；但在今天，五年时间就足以发生很多天翻地覆的变化，所以很多过去的经验在今天已经完全不适用了。

正是因为我们年轻，学习速度快，才让我们在这个时代获得了竞争优势，尤其是互联网的崛起，激发了很多年轻人的创业激情。但是，虽然我们年轻人正处在一个幸运的年代，但是我们仍然需要前辈的指导，需要人生的积累，需要多努力、多思考，把握住这样一个最好的时代，争取能够做出一番事业，为社会带来价值，同时做到自我实现，成就一个最好的自己。

消除教育的隐形不平等

刘　泓 ▶ PEER毅恒挚友秘书长、共同发起人

　　PEER毅恒挚友是陈奕伦、我和留学时的小伙伴们十年前开始做的一个小项目。十年后，它变成了一个规模不大的公益机构，志在将优质的素质教育的选择权提供给我们中国欠发达地区的每一位青年人。我们扎根在湘、黔、桂三省，用各种形式服务了十几所中学的近3000名学生。

　　我想用三个关键词来介绍我们的工作：公平、社区和同伴。

　　第一个关键词是"公平"（Equity）。

　　在我们服务的湘、桂两省交界处，有一个二十来万人口的县城叫城步，这是个苗族自治县，山清水秀，民族文化独特。

　　城步的最高学府是县一中。让我们来想象一下这所学校——你是否会想到破旧的校舍、"希望工程"的标志性海报"大眼睛"，或者张艺谋电影里的代课老师？

　　事实上，这所高中是倾全县之力建设的，也是我国30年经济发展的最好展示。校舍在数次翻新后，呈现出了崭新的面貌，学校师资充裕，学生穿着统一购入的校服显得洋气、光鲜。教育信息化的普及以及国家精准扶贫的成果，让触屏教学机也逐渐得到普及。学生在此经历了三年朝五晚九"填鸭式"的教育后，约一半的人会走进大学。两周前，我的微信朋友圈被各校的高考讯息轰炸；其中一所县中的600余名高三的学生中有290多名考上了"二本"。该校校长戴了朵大红花，找了辆皮卡，上面高挂光荣榜，敲锣打鼓地带上榜上有名的所有学生游街。这所学校的教育任务看似圆满完成。

但是，在这种反差下，我们需要发问，这些学生们是否体验到了有质量的学习经历？是否被真正关注过？他们所学的知识和技能是否能与现在的大学、社会乃至于国家经济发展的需求相结合？这些从县城走出来的学生是否能与大城市的学生们站在同样的起跑线上？城步没考上"二本"的300余名同学又怎么样了？ 我们需要警惕的是表面的公平正在将不平等隐形化。

这里必须补充一下我们的教育状况。2014年，教育部正式要求各学段学校开展和落实核心素养，也就是中国版的"21世纪技能"，包括信息素养、研究实践能力、家国情怀等。同年，曾被认为是最难攻克的节点——高考也在国务院的主导下开始全面改革。上海、浙江将先行实践，语文、数学必考，英语变为等级考试，其他科目根据学生所报考大学的专业需求选择性考试，并且增加每个大学自主招生的幅度。换句话说，中国的大学录取体制正在逐渐走向申请制。在沿海发达地区，走班制、分层教学、翻转课堂、探究式及项目学习等理念及实践正在逐步落实。

那么，偏远地区怎么办呢？以湖南、广西、贵州三省为例，2021年将全面使用新高考，也就是说，从2018年入学的高一新生开始，教育必须改变。现在教育的主流在衡水中学，是无效率的"填鸭"，是把入学生源转换成"高考机器的生产线"，是"只要学不死，就往死里学"。学校没有意识到，这些理念和行为已经被时代淘汰了。

解决此问题的最好切入点只能是公益、政府与商业的合作。如果单单只依赖商业和政府，那么我们只能看到优秀资源的继续集中化——这一点在公立学校集团化的趋势下已经非常明显——或者政府的政策只落实到硬件上，而无法带来真正的改变。

中国很大，有2800多个县。每个地区都需要教育，所以它必须是"去中心化的"。PEER作为教育公益机构在做的，就是引进外部资源，与地方的学校、老师、同学们共同创新，因地制宜，直面教育改革前提下越发隐形的不平等问题。

第二个关键词是"社区"（Community）。

在城步，大山里长大的孩子从小就被告知：你要做的一切，是为了能走出去。他成长的过程中亲历了教育的城镇化，从残破的村小，到附近大村的完小，再到乡镇的初中，最终到了县城里的高中，远离家人，和老师疏远，无人关注。在高中三年中，他日复一日地奔走于宿舍、食堂和教室之间，每星期只有周日下午可以出学校"放风"。他为别人告诉他的高考目标而奔走前进，他没有关注过身边的人、县城里的新鲜事，甚至是国家所经历的巨大变化。然而，学校的标语仍写道："走出大山，报效国家。"

更现实的状况是，当我们的学生第一次走进县城时，他们发现与书本告诉他们的世界相比，这里似乎是落后的、不时尚的、前现代的。县城里灰灰的小高楼、网吧、4G手机、麻将馆和广场舞，没有任何特色，千篇一律。他们不知道这里是乡土和城镇交融的地方，有集市，有县学，有孔庙，也有吊脚楼，有大户的徽派建筑，有佛寺，有本地信仰的庙宇，更重要的是这里有着他的根。他们在认同县城这个乡土与城市的汇集点之前，就先否定了它。他们会离开这里，走进大学和社会。他们将如何描述自己来自哪里？有什么样的文化？他们需要走进去，和身边的社区产生联系。

这就是为什么PEER这些年一直致力于推动社区教育，并开发了我们的社区探索课程。通过体验、研究、行动、分享四个环节，我们带学生走出学校，和社区建立联系，用科学的态度研究社区的问题，通过具体的行动对其进行改善，再把成果分享给社区里的每一个人。学生们跟着我们去研究家乡的历史、古建筑、地方饮食（城步油茶）并做出服务，再把成果在县城的广场进行展示。

这里大家可能要问了，中学生的行动究竟能给社区带来什么改善？这里跟大家分享三个我们的学生做的案例。

在贵州黔东南有一个小县城叫丹寨，这里的人口以苗族为主。这座县城虽然不大，却有4~5所新开的苗族传统蜡染传承人工作坊，大多是由30岁上下的年轻人开办的。我们的学生在社区探索的过程中发现，这些工作坊中做出的苗族蜡染图案虽然还不错，但远不如自己小时候在乡下看到的精美。后来，他们从采访中了解到，这些工作坊的传承人大多也是出去工作数年后，回家乡创业的，对很多老传统并不十分了解。于是，一些学生利用回家的时间，从村中的老人那里找到了一些传统的精致蜡染图案，拍成照片并印刷成册送给了县城的蜡染工作坊。一年后，我们和学生们进行回访，发现在几家工作坊中都能看到我们做的小册子中的蜡染图式，而在柜台上较显眼的地方也能看到那本小册子。手艺人们告诉我们，这个小册子很有用。实践证明，学生的行动改变了人们的生活。

再举一个例子。同样发生在这个小小的县城丹寨，这里只有一条公交线路，但它的线路规划不合理，有两站没人上车，却忽略了附近一个较大的住宅小区。同学们在进行民意调查，参考了专家意见，并取得县城居民的支持后，设计出了一个新的公交线路规划图，并呈交给了县政府有关部门。今天，这座小县城中唯一的公交沿用路线，还是我们学生在三年前做出的规划。

第三个例子与美化社区相关。2015年，在长沙县七中的冬令营时，同学们发现通往学校的桥洞很脏，且布满了过期广告。初步民意调查后，同学们发现附近居民也对桥洞的现状不满。所以同学们开始了下列行动：

1）获得学校的支持，开出介绍信；

2）找到街道办有关部门，获得街道的支持；

3）街道介绍同学们去寻访相应的居委会，并出面对桥洞进行了清洗；

4）同学们在居委会的支持下制定清洁和粉刷方案；

5）同学们向社区筹款；

6）将桥洞刷白。

而后在冬令营结束后的一个学期内，同学们利用课余时间，将代表当地椰梨镇文化和学校文化的精美图案绘制在了桥洞上。

这些行动给同学们带来了体验式的学习，带来了直观的社区参与，而我们机构所做的，就是这种项目式、探究式课程的研发、培训和推广。从很多年前的一个简单想法，到迭代了八个版本后数百页的完整教案和培训；从自己闭门造车，到把课程通过合作的模式服务于数个公益机构、基金会和学校；从单薄的社区探索，到现在的核心能力课、多媒体故事讲述、专题研讨课等多元的课程体系，我们注重研发，想通过自己的行动将更好的内容通过教育公益带给更多的人。

最后一个关键词是"同伴"（PEER）。

在公益路上前行的近10年，奕伦和我从学生时代走向了创业时代。我们的学生也从当年的中学生走进大学，然后走进社会。我们一直相信，同伴间的朋辈教育可以给学生们带来他们所需要的理解、陪伴和支持。最开始，PEERs是指我们当时的大学生志愿者。随着我们对"PEER"一词的理解加深，"同伴"一词也有了新的定义。

我们第一次去城步是2008年。在之后的八年时间里，我们与这批2008年参加过PEER的同学们一直保持着联系。其中的一位同学名叫唐阳霞，她大学毕业后又回到了PEER，成为了我们城步PEER空间的首位挚行者，她在自己的母校服务了一年。

这里的PEER空间，是我们在县城学校里自己的"据点"，它有六个功能：社区教育、阅读、自主、核心素养建设或者"赋能"，还有虽然软性但是至关重要的连接与陪伴。我们在一年多之前建设了最初的三个PEER空间，每个空间由我们的挚行者和学校老师共同运营，以最适合每个学校的方式进行教育创新。比如，在有些学校，我们每天有一节选修课可以用，而在有的学校，我们则有几次更集中的时间；在有些学校，我们服务自愿参加的同学，而在有的学校，我们深度介入，为教改实验班进行服务。

有了PEER空间以后，我们发现，身边的同伴们变多了。首先是地方老师和学校，当我们发现他们改变的动力和我们一样强，并愿意用实践证明时，我们意识到，去中心化和地方的创新不再是说辞；然后是一些地方的基金会和教育界的专家，他们帮助我们去梳理地方关系，他们与我们联手将项目落地并给予支持。当然，还有一些青年才俊、各界领袖和企业家也积极参与其中，他们贡献时间和资源，和我们一起深度参与。

所以，我们有了一个新的起点。2016年夏天，我们在地方基金会和学校的支持下会建设三个新的PEER空间。同时，我们也在之前积累的经验基础上开始在湖南深度介入六所学校的教育改革，为学生安排阅读、服务、社区学习、自主发展的各项活动。我们在社会资源的支持下，将艺术、教育、科技等元素融入PEER空间之中。

公益前行，是社会各界支持的结果。公平（Equity）、社区（Community）和同伴（PEER），这三个点使奕伦和我们能走到现在。有人问我们，说我们怎么坚持了10年？亚里士多德曾经说过："德行是一种习惯。"公益也是如此。社会各界的力量也都可以是我们的同伴，是我们的PEERs。

改造物质世界

文 曹 阳 ▶ 牛津大学在读留学生

今天为大家分享下我们现在正在做的一些技术和已经开发出来的小小成果，希望大家对我们的产品能产生一些兴趣，同时对基础研究和科学技术的进步和发展抱有一点期待。

我一直认为，我们这个世界就是一个物质的世界。我们这个星球，从它诞生的第一刻开始，到现在人类文明突飞猛进的发展，整个过程伴随的都是人类对周围物质的认识，从恐惧到了解，再到利用和改造。

在整个历史的发展过程中，推动我们对物质世界的了解和改造的，实际上都是很微小的化学反应，可以说，化学反应推动着人类的进步和发展。矿石冶炼行业的发展，为我们制造了金属；能源化工行业的发展，让我们有了汽油、柴油、天然气、甲醇、甲烷、酒精等各种各样的基础化学品。在整个化学和化学工业发展的过程中，我们发现，如果想要进行一个非常复杂的化学反应，或者想对一个复杂的化学结构进行精确的结构修改或精细的修饰，那么目前普通的化学手段已经没办法满足需求了。

这个时候，我们就会在化学反应中引入第三方物质，使一些很难的化学反应得以发生，我们称之为"催化反应"。我们每时每刻的呼吸、运动、心跳、新陈代谢都离不开一个个的催化反应，是它们让我们得以在这个星球上生存下去。这些化学物质，我们称之为"天然的化学产物"，天然的化学反应称为"生物催化"。接下来，我们聊一聊生物催化的历史、现状和未来。

我们人类对生物催化最早的应用可以追溯到公元前6000年的苏美尔

人，在楔形文字中已经详细地记载了啤酒的发酵过程，这是对自然界化学反应的最早应用。这种应用可以分类到食品发酵领域中，其实在这个领域中还有很多的应用例子，比如面包、馒头、泡菜、奶酪等，这些都是对生物催化最早的应用。这也揭示了生物催化的本质特质，改变物质原有的组合方能产生新的物质。

直到17世纪，第一台显微镜的出现才让人类第一次在镜头中看到了细菌，看到了真菌，看到了微小的微生物。从此我们诞生了一门科学叫微生物学，在微生物学蓬勃发展了100年以后，法国伟大的科学家路易斯·巴斯德向我们揭示了，在食品发酵过程中关键性的功能因子其实是微生物，是一个个的酵母菌。

到了19世纪末期、20世纪初期，青霉素的发现给生物催化领域的扩展和升级带来了一次加速。青霉素在世界大战中拯救了无数士兵的生命，一直到现在在医学领域仍然发挥着很大作用。青霉素的发现是第一次把生物催化用在了药物生产上，同时这也极大地提升和扩展了生物催化的应用领域和范围。

20世纪50年代之后，生物学开始迅猛发展。19世纪末期，从酵母菌的提取物中实现了细胞外的生物催化反应，实现了葡萄糖在细胞外的发酵，得到了酒精和二氧化碳，这是第一次在生物体外实现的生物催化反应。1926年，人类第一次通过结晶的方法，从细菌提取物中得到了纯净的物质，并利用这种纯净的物质实现了尿素的水解反应。随后，人类通过晶体学的方法，证明纯净的物质是一种蛋白质，我们把它定义为酶，这种酶是所有生物催化反应最关键的功能单位。几乎所有的蛋白质酶都可以被分离纯化并在体外应用，这为整个化工生产行业提供了崭新的思路。

有了天然的催化酶，那么我们怎么改造它，使它变成更适合人类生活、生产，功能更健全、更强大的一种工业添加剂来为我们服务呢？随着生物学的迅猛发展，分子生物学和基因重组技术出现了，这为我们提供了强有力的手段，让我们能从自然界中获得天然催化剂，同时通过改造这种天然催化剂为人类的工业生产服务。

首先，我们在特定的细菌中找到了特定的蛋白质酶，它可以促成一种具有高附加值的工业生产流程反应。我们通过分子生物学技术，克隆了合成这种蛋白质酶的基因，然后把这类基因合成到一个人工的载体上，让它能够在另外的物质中合成我们所要的蛋白质酶。通过基因重组、基因改造技术，对原有的天然基因进行定向改造，使原有的蛋白质酶带有新的功能，而这种新功能是我们定向给予的。它可以具有新的催化特性，具有更高的效率，可以在更艰苦苛刻的反应条件中持续工作，于是我们将这种基因转入人工培育的细菌中，然后让细菌在培养液里持续繁殖，最后生产出具有新功能的、与天然酶不一样的突变体。

我们把这样一种不用通过大自然的进化选择，制造人工突变酶的方法叫做"定向人工进化"。在实验室里，一个星期就可以完成一轮人工进化。通过人工进化，我们可以获得许许多多功能各异，但是很高效、很稳定的、新突变体。总结来说，我们做的事情就是在已有的催化方向的基础上赋予它新的特点、新的方向或者新的功能。

那么在这个过程中，我们做了什么呢？我们设计了一个化学反应流程，左边的化合物是A，右边是B。化合物A在天然香料市场的售价是800美元/公斤，化合物B的售价是7000美元/公斤。我们在常温、常压及中性环境下，大概用10个小时的时间，通过化学反应，就可以从化合物A中得到化合物B。这样的技术要在实验室里重复上千遍，所有的操作流程和细节都在极简化、极稳定的情况下反复测试，然后在实验研究的基础上进行工业化探索。牛津大学于2013年成立了一家做天然香料的公司，他们当时的估值大概是220亿美元，同时每年还会有3%~5%的增长。

下面我再简要概括一下我们今后的技术发展方向。基于对自然界中有催化性质的酶的认识，我们逐步进行经验的积累、知识的积累、结构信息的积累，以及各种反应类型的积累，然后通过大数据进行分析，在基本的催化结构基础上创造出一种类似于酶的催化剂。它有同样的功能，但是它可能更稳定、更简单，回收成本、制造成本更低，功能更强大。对于自然界中绝大部分尚未开发的天然化合物，我们可以寻找更有医学前景、化工前景和高附加值的化合物。

我为什么做公益

在公益创业者的队伍中，有不少既有专业背景，又看好公益事业前景的年轻人，他们不太计较自己眼前的收入，而愿意投身公益，让自己的创意和专业背景发挥出社会效益。他们为什么愿意从事公益工作？在实际工作中，他们遇到了什么问题？希望得到怎样的帮助？

在2013年亚布力夏季高峰会青年论坛上，岚山社会基金创始人肖晗，"阳光书屋乡村信息化教育行动"联合创始人杨临风，大学生村官秦玥飞，尔卡资本联合创始人、总裁兼董事长库德莱特·亚库甫江，"美丽中国"创始人兼首席执行官潘勋卓就上述问题进行了深入讨论，PEER毅恒挚友主席陈奕伦主持了该场讨论。

陈奕伦：欢迎大家参加今天的亚布力夏季高峰会青年论坛。今天邀请的几位嘉宾学历背景都比较牛，他们分别来自哈佛、耶鲁、普林斯顿、北京大学等高校，现在他们所从事的行业也比较多样化，有做投资的，有做教育的，也有做NGO的。下面有请他们跟大家分享一下他们的故事。

潘勋卓：刚才主持人说今天邀请的嘉宾都来自名校，我可能是一个例外。我大学没有毕业，大三的时候我来到中国，在清华读了一年书，主要是学习中文。一年之后，我并没有回国继续我的学业，而是留下来办了一个机构，名叫"美丽中国"，到今天已有五年时间。

当初我萌生创办"美丽中国"的念头是源于与云南边远乡村的一位校长的一次交流。2008年3月左右，我的一位普林斯顿校友（他当时在香港的一家投行工作）跟我说，他在云南临沧捐款建了一所小学，并邀请我过去看看。正好那个时候我在研究中国的"社会主义新农村"政策，于是我就接受了这个邀请。

我乘飞机从北京到昆明，然后从昆明转机到临沧，接着又坐了七八个小时的黑车到了一片甘蔗林旁，再由这所小学的校长骑摩托车将我带到山顶上的乡村里。第二天，在跟校长聊天的时候，他对我说，由于有香港爱心人士的捐赠，这所小学的硬件已经比较好，但是非常缺少老师，尤其是学历背景好的老师。如果你有支持我们教育的想法，那么最好能邀请一些优秀的老师过来。这位校长的话对我触动非常大，回北京后，我就跟几位朋友商量这件事，我也决定留下来。于是，我把大四的学费以及平时自己积攒的钱都拿了出来，创办了"美丽中国"。做了一年之后，效果还挺不错，当地政府也非常支持，于是我们也就坚持了下来。

杨临风：2011年，我从哈佛大学本科毕业，学的是计算机科学。回国后我在一家咨询公司做了不到一年，然后就辞职创办了一个乡村教育方面的公益组织，名叫"乡村阳光书屋行动"。其实，农村里的学校硬件都还不错，但他们缺乏师资，缺乏教学资源，而且这些软性资源很难在短期内积累起来。因为我是学计算机出身，同时又对教育也很感兴趣，所以我当时就想，能不能借助信息技术来对农村教育做一些影响和改变。于是，我就与一些志同道合的朋友一起创办了这个组织，募集了一批平板电脑，帮助农村的学校搭建无线网络，并开发了一系列的教学软件，软件里搭建了很多教学资源，包括视频课程、电子书、纪录片、有声读物等。我们希望通过互联网把最优质的教育资源带到农村去，甚至可以把优质的教学方法也带过去。这么做的目的，我们并不是希望替代现有的老师，而是希望通过这个工具给农村的老师和学生们一个自我改变的机会，让他们去尝试一些更先进、更有趣、更有意思、更丰富多彩的教学方法，从而逐渐改变传统的教学方式。

在传统的教学方式下，一个老师面对几十名学生，这种方式本身的效率比较低，而且农村学生的基础差距也非常大，教学效果不理想。在甘肃农村，我们看到的一个情况是，在初一的一个班级里，满分150分的卷子最高分可以达到120分，最低分却只有3分，而且考3分的那个学生认认真真地把试卷的每个空都填了。他小学六年都是在村里的小学度过的，没有接受过正规化的教学，基础比较差，而到了初中后，老师也没有办法补救。因此我们希望通过互联网的方式帮助农村的老师更好地对每个学生因材施教，让每个学生能更加自主地获得知识。

肖晗：我的机构叫做"岚山社会基金"，是具有公益性质的私募股权基金。创业之前，我在德勤做了一段时间的咨询工作，后来到非洲做志愿者，从事社会企业孵化器的工作。所谓社会企业就是具有公益性质的企业，他们通过经营活动给一些弱势人群提供某些服务和产品，或者是采购弱势人群生产的一些农副产品，并把它们销售到市场上，从而提高弱势人员的收入。回国后，我先在一家欧洲公益风险投资公司工作，之后便和几个朋友一起成立了岚山基金。

我们的理念是通过金融手段帮助这些有社会效应的企业成长、扩张甚至并购等。比如，帮助贫困地区的农产品公司做整合，从而提高他们的定价权；帮助一些清洁汽车产业链上的企业去寻找合适的国企买家。因为很多清洁汽车产业链上的企业由"海归"创办，他们在国内的资金不多，也没有很强的后台给他们提供销售网络的支持。同时一些上市的国企本身也需要产业升级，需要并购朝阳行业的资产以提高自己整体的股值。

秦玥飞：2010年，我从耶鲁大学毕业之后就到湖南农村当了一名大学生村官。当村官之后，村里大大小小的事情我都要去学、都要做，最开始也需要花很多时间跟村民进行沟通，融入农村工作中去，让村民接受我。记得我刚去的时候是夏天，天气特别热，晚上睡觉时流了很多汗。第二天起来，我就去澡堂洗澡，因为这么多年来我已经养成了早、晚各淋浴一次的习惯。在去澡堂的路上，我很高兴地跟碰到的村民打招呼。没想到当天晚上，我早上洗澡的事情就在全村传开了。有的村民说："这个小伙子是不是嫌我们农村脏？睡了一个晚上就要洗澡？"也有的村民说："这个小伙子是不是太娇气了？"还有的村民就直接说："我们这儿水不多，你早上洗澡不是浪费水吗？"在那一刻我就知道了，如果我想到农村做公共服务，首先我必须得到村民的认可。因为如果村民不认可我，觉得我是一个跟他们不一样的人，那么他们就不会把自己的诉求告诉我；而假如他们不把其诉求不告诉我，那么我就不知道该如何开展工作了。

于是，我开始首先改变自己的穿着习惯。当时，我带过去的衣服还是比较花的，为了跟村民保持一致，我就把衣服反过来穿；村民送给我的解放鞋，我也一直穿着；我的牛仔裤被钉子刮破了，村民帮忙缝补好后，我也接着穿；村民送给我的军大衣，我也穿着。农村的社交方式就是抽烟、喝米酒，而这些我在大学都不习惯的事情，但是现在我都要去学，也都要做。

大概三个月之后，村民慢慢接受了我，也开始有人把他们的一些小诉求告诉我。比如，有村民主动说："我家的太阳能热水器坏了，能不能帮忙给我修一下？"那时不管我会不会修，我都会爬上房顶帮他摆弄一下，试着帮他解决问题。有的村民不会写字，需要写一个报告递给县政府，我就帮他在电脑上打出来。我早上洗澡的事在晚上就传开了，这证明了农村的信息传播速度其实非常快，同样当我为村民做了好事，这个口碑也一下子就传开了。在这样的情况下，村民对我有了非常多的信任，而在有了这个信任之后，大的转变也就发生了。

有一天，这个村民小组的组长找到我，说我们这里需要修水利。从那个时候起，我开始真正做公共服务的工作，我跟村民一起修了水利。2013年湖南遇到了百年不遇的大旱，而我所在的那个村因为2012年修建了水利工程，所以没有受到任何损失。另外，我还帮助整个乡里的所有村都建设了现代化田园式的敬老院，让留守老人们老有所养、老有所依，也让在外面打工的子孙们放心。同时，我还引进了临风的"阳光书屋信息化教育行动"，在"阳光书屋"的大力支持下，我们乡里的学校从三年级到八年级的学生都免费配上了平板电脑，他们都能享受到信息化的教育。现在这一行动已起到了明显的效果，学生们的成绩有了明显的提高。

2012年国家基层人大代表换届选举的时候，我参选并当选了。当选之后，我在县人大会上提出了一个与农村校车相关的议案。因为农村的校车是一个非常大的问题，三四十个学生挤在一辆准载7人的小面包车里，非常危险。提出这个议案之后，我花了大半年的时间来推动这个议案的通过，最终政府启动了这个项目。第一个项目是对全县所有幼儿园的校车进行改装，这个项目目前已经完成了。我现在正在做的事情就是推动义务教育阶段的校车改善。在推动的过程中，遇到了一些政策上、法律上的难题，另外一个比较大的难题就是经费问题。

库德莱特·亚库甫江：2001年8月25日高考时，我报北大落榜了，当天我就决定出去闯一闯，于是我坐上了当晚的火车，离开了新疆。我先到了上海，然后去了南京，最后来了北京。到北京后，我学英语，教英语，然后办班，一直坚持到2003年。当时我非常希望能出国学习，由于去美国的签证有一定难度，所以先去了荷兰阿姆斯特丹。在阿姆斯特丹待了八个月之后，我幸运地从荷兰去了美国，并通过一年的学习进入了哈佛。2010年，我毕业回国。回来之后，我花了差不多半年的时间思考如何在新疆找到一个切入点，能够去帮助一些没有我这么幸运的人。我现在是以私募股权投资的形式来帮助当地的企业家，尤其是少数民族企业家，帮助他们更

快地成长起来。

据我们了解，在新疆，由少数民族创办的机构有1.2万家左右。在这些企业中，具有一定规模，真正称得上是企业或者公司并且还在运营的机构可以说不到1500家。新疆的人口有2000多万，其中有将近一半的人口是少数民族。从这两个数字，我们可以看出，新疆的就业情况不太理想，尤其是少数民族的就业状况堪忧。这是因为他们存在语言和文化方面的障碍。所以我们现在做的事情就是希望帮助更多的企业涌现出来，更多的企业成长起来，从而承担更多的重任。

陈奕伦： 现在的年轻人都在想什么？这是长辈们非常关注的一个问题。我跟一些长辈们聊天的时候，他们也非常想了解年轻人对于当下中国经济发展与改革的看法。今天借助这个机会请大家讨论一下，在你们看来中国经济改革遇到的最大阻力是什么？

潘勋卓： 就改革开放来说，我觉得受影响最大的领域之一应该是非营利性机构。因为针对非营利性机构的政策最暧昧，也最模糊。"美丽中国"于2007年、2008年筹办，但是真正注册下来却花了两三年时间，最后注册下来的机构性质是民办非企业。对非营利性机构的注册，政策一直存在，但要实际注册，需要走的路很长，遇到的困难也特别多。对我们年轻人来说，家庭条件与以前相比已经有了很大的改善，毕业后也都愿意放弃传统的职业选择，而选择去开拓新的路程。这一点，我觉得非常需要政策的鼓励和支持，以保障和吸引更多优秀的年轻人进行创新、创业。

杨临风： 我觉得任何改革都有两个层面：一个是制定政策，另一个是执行政策。往往制定政策和执行政策是由不同的人在做，无论是政策制定的不合适还是执行得不合适，最终都可能造成整个改革进行得非常艰难。

刚才潘勋卓提到了注册，我们当时注册也花了14个月。

我个人觉得，在整个改革的过程中，教育是一个非常重要的问题。因为它实际上是在提高整个执行政策的效率。比如，现在中国的城市化率已超过了50%，而将来这一比例可能会达到80%，甚至更多，也就是说还有30%的中国人口要从农村到城市去。进入城市后，他们需要参与到正常的生产与生活中去。也就是说，他们是改革进程中一支非常重要的力量。如果他们没有足够的理解力，没有足够的团队合作力，没有足够的创造力，那么整个改革进程是没办法顺利进行下去的。所以我个人比较关注的是，如何加强整个中国的基础教育，让这些将来会走入城市生活中的农村学生与城市学生站在相同的起跑线上，让生活在城市的人们跟生活在农村的人们能够相互理解，一起工作，一起把中国建设得更好。

肖晗：我最大的感触有两点。首先，意识形态上的改革已进行得非常彻底。经过这么多年的改革，从计划经济到有计划的市场经济，再到完全市场经济，人们在观念里已经有了很强的市场化意识，市场经济的概念也深入到了各个领域。但与此同时，我们也缺少一些制约。比如，我们没有宗教，很多时候人们在乎物质回报而忽略道德修养。在公益领域，我觉得有一些规则已经很市场化，这在一定程度上可以促进公益领域向更好的方向发展。比如，政府做的保障房项目，就是政府把自己应该做好的工作让民营企业来做，让利于民营企业。其次，有时候政府并没有扮演好裁判员的角色。政府应该把规则制定好，然后让市场自己去建立更具体的规则，而现在政府是既当裁判，又当球员。简而言之，改革开放已经取得了很大的成就，但同时也有很多需要解决的问题。

秦玥飞：我从耶鲁毕业后到湖南乡村去当村官，这一消息被媒体报道

后，很多人见面的时候就会问一个问题："你受了这么好的教育，现在去当村官是不是大材小用了？"其实我觉得，这不是大材小用。在农村当村官，我可以看见自己的工作在如何改变村民的生活，是如何创造价值的，例如，他们的水利建设项目建成、经济收入增加、生活条件改善、教育水平提升等。因此，我觉得咱们年轻人应该找准自己的定位。我对自己的定位就是，到农村去、到基层去锻炼、去学习，在那里可以做出很多与你的能力相匹配的事情。

如果做到了这一点，我觉得这件事本身就可以带来非常多的改革与变革。比如，我之前并没有想过会去当村官，没有想过要当选人大代表，但结果我都去尝试了，而尝试后的结果是我都做到了，我当了一名村官，还当选上了县人大代表。如果我们浮在上面，那么这些都做不到。但是我沉下去了，我踏踏实实地给自己做了一个定位，然后一步一步往前走，结果我做到了，做出了这些改变。虽然这些改变不是惊天动地的，但是这些改变，是我们需要做的。我们年轻人可以在微博上抱怨，因为这是我们的权利。但是抱怨的同时我们要知道，中国不仅仅存在于微博上，也存在于街道、农村、企业和公益组织之中。所以我们只要把自己的定位定好，从现在开始，从自己开始，那么我们就可以成就很好的改变。

库德莱特·亚库甫江： 我从哈佛毕业后回新疆创业的时候，也有很多人问我为什么回来，我的回答也非常简单，因为我觉得这是一件对的事情。从最自私的角度来看，我感觉人生就要享受，我的家乡就在这儿，我想吃的、住的、穿的都在家乡，因此我回来了。从精神层面来看，我的亲人、朋友都在这儿，我为什么不回来？从事业发展的角度来看，我在哈佛学的是经济学，我觉得学经济的人就应该去那些还没有发展起来的地方，帮助那些地方实现经济发展。而且相对来说，还没有发展起来的地方才会有更多的机会。

在注册公司的时候，我也遇到了前面几位碰到的问题。当时我们希望建立一家孵化器企业，注册的名字是"尔卡工场"。工商注册部门的人问我们这是什么工场？我们说是孵化企业的，就是孵化器。他们说不能这么叫，因此后面我们改了名字。后来还经历了很多困难，我也曾一度怀疑自己回国创业的想法是不是错了。对新疆来说，我觉得如果没有一定的改革行动的话，将民营企业的数字从1500家变成更多将很难实现。

潘勋卓： 2008年，当我准备创办"美丽中国"的时候，曾跟各界人士交流，我听到了一种观点，那就是中国的大学毕业生和美国的大学毕业生不一样，中国的大学生毕业之后想买车、买房、生孩子，"现实"这个词他们用得很多。我到校园里跟同学们交流后，则听到了另外一种说法。他们说，毕业后职业选择特别有限，真正能够发挥能力的平台并不多。所以当时我就决定选择与同龄人合作，请他们倾听自己内心的声音。

结果到2013年只有短短五年的时间，中国的"985高校"毕业生中有2500位毕业生申请参与"美丽中国"，有超过200位中国大学毕业生愿意花两年时间在最边远的农村教书。他们为什么要做出这个决定？因为他们觉得这是一件有价值和意义的事情。在我看来，真正愿意进入社会、经历社会痛苦的人才有力量改革这个社会。

【互动环节】

王兵： 你们让我看到了中国的希望。你们刚才讲了很多关于注册难的问题，我想讲一讲我们当年的故事。我在你们这个年龄的时候也想做公益，但是中国那时候既没有社会企业、民办非企业，也没有民办的基金会。2004年，中国成立了第一家个人慈善基金会。我的意思是你们已经很幸运了，我们那个时候根本就不敢想的事，你们现在起码都做到了，即使花了8个月的时间，甚至14个月的时间。现在广州注册民办非企业很容易，没有上级主管单位的问题。花一元钱，你就可以在深圳成立一家公司，并可在很短的时间内注册成功。目前，社会环境、观念、政策等都在逐渐变化，我觉得会越变越好。

梁锦松： 听了你们说的情况之后，我很感动。我鼓励你们利用新媒体把你们的故事、需求有系统地呈现出来，从而让更多的人了解你们，支持你们。此外，我还想和你们谈论以下两个问题：第一，怎样考核或如何看待自己的成功？因为怎样考核决定你们做什么；第二，远景是什么样？比如，五年之后希望发展什么样。如果能够讨论一下这些问题，那么我们对你们会有更深的了解。

杨临风： 在农村，高中和大学的入学率差异非常大。假设绝大部分农村孩子上不了高中，他们只能上九年学，那么我们能在九年内帮他们培养什么能力，从而帮他走向社会？这其中最重要的就是自学能力，这样他们走入社会后还可以充实自己，掌握基本的知识。另外，创造力、好奇心、协作能力都是我们希望在九年义务教育内帮助农村学生培养起来的能力，帮助他们发生转变。

这个转变必须跟国家教育大纲不冲突，否则没有办法进行下去。所以我们需要精细地设计做什么事情，相对应地能够培养他们的学习能力。考核的方法包括最简单的考试、量表，再比如自信心、创造力、思维开放程度都有成熟的心理学问卷可以展开评测。将这个模式不断完善，并复制到更多的地方，这是我们接下来的工作重点。

肖晗： 五年内，我们应尽量多发展一些业务线，给各阶段社会类企业提供金融支持。我们也想通过自己的努力，证明这个行业很有潜力，从而吸引更多的创业者、资本进入这个行业。当这个行业做大之后，会有更多人因此受益。另外，我们也希望我们的成功模式可以引起政策层面的重视，对好的模式进行拓展、推广，从而把这个行业推动起来。

秦玥飞： 当年考上耶鲁的时候，我非常高兴，觉得这是我一生中最高兴的事情。在那之后，好多年没有遇到过令人如此高兴的事情。但是2012年我当选人大代表之后，这种感觉又出现了，高兴的程度甚至比我当年拿到耶鲁的录取通知书还要强。我之所以这么高兴，不是因为当选人大代表后的光环，也不是因为觉得当选人大代表后可以干这干那了，而是因为我这样一个留过洋、在城市长大、说普通话的外地人能被当地最朴实的农民推选出来，整个过程让人激动，这也说明我们可以通过自己的努力对现状做出改变。这次选举对我来说是很有成就感的一件事。当时有媒体海采100位选民，问他们为什么把票投给留过洋、说普通话的城里人？我以为农民会说因为我引进教育项目、修建了敬老院等所谓的政绩工程……结果所有人都说选我的原因是因为我在赶集的时候帮他把买的菜提回家、帮他修太阳能热水器、帮他辅导小孩做作业等小事情。现在不时会有村民跑过来给我送鸡蛋和其他农副产品。这些都不能说明我做得很成功，但至少证明我得到了村民们的信任，我自己对现在的工作也比较满意。

我来自一个非常普通的工人家庭，在我的成长过程中，我的父母付出了非常多，我深刻体会到了他们对美好生活的追求。他们希望我有出息，希望我找到好工作，买上房子、车子，有好的环境，有社保、医保……到农村当村官后，我发现村民们也有这样的追求，而且我觉得财富是很美好的事情，我认同村民包括我父母在内的普通人对美好生活的追求，所以才愿意做现在的这个工作。在今后的几年以及可预见的期间内，我会在公共服务领域继续做下去。

问题1：我是芙蓉学子的代表，来自湖南商学院，之前杨临风和小潘提过交友的事情，我个人在大三下半年和大四期间，曾在国内一个教育机构任职两年。我有一个小建议。因为以前觉得自己擅长一个什么事情就会教别人什么事情，现在我在想是不是可以通过引入教育机构的方式？因为教育机构也会做一些公益活动。有些教育机构为了获取商业利益，会比较用心地研究哪个教育方法更加有效，或许可以帮助大家的公益事业。刚才我听到大家的想法我整个人都燃烧起来了。在这个技术层面，我应该有一些东西可以帮助到大家。作为一名兼职老师，我平时并不是每时每刻有

这些东西，但是如果跳出这个框架能够帮助大家，就像秦玥飞兄一样，看到自己帮助过的人发生一些改变，就会真正觉得自己不一样了，这是我想说的。

杨临风：多谢你的建议。教育是挺复杂的事情，光靠几个人做不了，我们也有教育机构的老师、教育机构本身也参与。比如北师大、北京四中都是我们的合作伙伴，他们在帮助我们提供教育资源的同时还提供指导建议。因为我从兼职做到现在已有四年

了，陆陆续续已有超过400名志愿者参与了我们的活动。如果有这样的经验花时间帮助我们整理教育资源，这些课程可以复制到农村，并且通过老师的参与用起来。特别感谢你的建议！我们会继续保持跟更多机构的合作。如果你感兴趣，我们网站有详细的志愿者要求和志愿者报名表。

问题2：我是甘肃人，对于甘肃的教育，我的感受是从甘肃省教育厅出发，坐车半个小时之内，你可以领略到具有国际教育风格的西北教育附中，也可以看到让联合国教科文组织官员心酸到落泪的学校，现实的情况是，西北边缘地区的教育资源分配不平衡。面对这样的情况，其实很多人愿意贡献自己的一份力量。

潘勋卓：你刚刚讲到西北地区的教育资源分配不均衡，那么我想问一下，什么样的教育才是好教育？北京四中的教育算是好教育吗？把北京四中的教育普及到所有学校是好事情吗？在教育领域，我们若希望通过采取某一个措施，或者采用某一个设备，或实施某一项政策，或培养好的老师来解决教育问题，那是不可能的。这不仅对教育机构来说不可能，而且对于整个国家来说也有很大的困难。比如，无论是中国，还是美国，每年都投入大笔的资金来改善教育质量，有些问题在逐步解决，但也有很多新的

问题在产生。"美丽中国"存在的意义是，教育领域需要很多优秀人才，希望通过我们的努力，不仅能够让老师、学校的校长，以及其他人员，包括学者、政府官员、企业家都能真正了解孩子们的需求，从而从各个层面为他们做出自己的贡献。

问题3：我想问一下"美丽中国"，你们的成员到边缘地区支持当地的教育，这是一项长期的工作呢？还是类似大学生支教？

潘勋卓："美丽中国"只要跟某一个学校开始合作，就没有截止日期，对每位老师的要求是最少在那些学校任教两年。为什么要有这样的要求呢？因为第一年老师还处于熟悉环境、熟悉学生的过程中，第二年的教学效果才会更好。

问题4：我也参加了暑期支教活动，时间是两个月，有时候我就非常担心我们两个月的支教行为会给之后老师们的教学带来阻碍。

潘勋卓：两个月的时间做不了什么事的，时间不够。

秦玥飞：非常同意这位朋友的意见。在我服务的村庄里边，我所遵守的一条原则就是所有的短期帮扶都不接受。因为我之前也接触过很多类似的短期支教组织，有的组织做得很好，它们对学生进行当地的乡土教育，但是也有一些组织给学生灌输的都是浪漫主义，给当地学生带来的冲击非常大，当他们离开后，当地老师反映学生变得很难管理。如果是后面这种情况，最后受益的人是支教人，而不是学生。当然，在这里我不是反对所有的短期帮扶，而是觉得一定要因地制宜，给学生们最需要的东西。

抓住小痛点创业

今天，我们的想象力似乎已无法跟上未来的发展。更重要的是，很多前沿思维已不仅仅存在于头脑中，而是已经处在实体化、产品化阶段。关于未来，不仅需要疯狂的梦想家，而且还需要优异的企业家精神。这些正处在创业阶段的青年们，将运用他们与众不同的想象力，来打造面向未来的产业，带给所有人一种与众不同的新奇体验。

在2015年亚布力夏季高峰会青年论坛上，蚁视科技有限公司创始人兼CEO覃政，马良行创始人、首席执行官胡周斌，Xtecher创始人兼CEO戚宗超，幸福创客创始人、CEO苏德中，MicroH$_2$O水环保科技首席执行官及联合创始人徐浩文就创业问题与大家进行了分享。亚布力青年论坛轮值主席、PEER毅恒挚友理事长陈奕伦主持了此次分享活动。

陈奕伦：有一家叫蚁视科技的公司，他们做了一种虚拟现实的产品，你只需戴上一个头盔，之前储存在电脑中的影像等都能生动地投射出来，可以身临其境去感受。以前看到美国电影中的高科技时，总让人们觉得这一技术离我们很远，但其实它就在我们身边，因为国内已经有人在做这样的事情了。接下来，有请第一位分享嘉宾——蚁视科技有限公司创始人兼CEO覃政。

覃政：非常感谢主持人简明扼要的介绍！希望大家提到蚁视时想到的是一家中国科技公司，我们也不需要任何国外企业的对标，因为我们有自己的创新技术。

今天在这里，跟大家分享一下我关于虚拟现实的一些畅想。对于虚拟现实的发展，我认为有一个趋势，那就是类似于手机从最初的大哥大、移动电话，到现在人手一台智能手机，未来每个人也会有一台VR（Virtual Reality，虚拟现实）&AR（Augmented Reality，增强现实）设备，当然其发展过程也会像手机一样有一个漫长的周期。经过分析，我也得出了一个结论，人类的科技信息量呈指数增长，但是科技媒介的迭代呈线性增长。跟大家列举几个重要的时间节点，1890年电影出现了，30年后电视出现了，再过30年电脑出现了，再过30年手机出现了，按照这个发展节奏类推，2010年理应出现一个新的媒介，相对应地会引领一个新的时代到来。比如电脑普及后，互联网时代出现；智能手机发展后，移动互联网时代来临；相对应的，VR&AR技术发展后，会有一个虚拟时代的来临，相应地承载媒介也会日趋完美。

根据之前每种媒介发展到成熟阶段需要的时间来类推，我们得出了一个很悲观的结论，可能要到2042年，社会上才能出现完美的头戴显示器，从而迎来真正的虚拟时代。对此，我们不能接受，因为2042年太遥远，我们幻想着3~5年就能出现完美的头戴显示器。

VR显示器经历了几个阶段的发展，但就目前的情况来看，这些设备存在一个共同的特点，那就是还没有我们想象中的那样轻便。在我们的想象中，它们应该轻便、酷炫，能在空中出现浮动的全息影像，但是我们目前看到的现实是，设备体积太大，呈现的画面太小。在发展的过程中，我们要避免体积大和画面小的问题，那么现在有没有可能实现这个目标，或者说哪项技术可以同时实现这两个目标？经过我们的研究，复眼光学技术完全可以解决这两个问题。我们学习的是蚂蚁的视觉，昆虫有一个特点就是其体积小，但它们的视角却特别大，我们希望把这项技术运用到我们的头戴式显示器里面。2012年，我们开始往这个方向研究，现在已经取得了一定的成绩。

未来，我们对头戴式显示器完美状态的要求是，它可以成为智能的隐形眼镜，甚至植入人的眼球。如果真能做到这一点，那么到2042年，每个人都可以携带虚实现实的智能眼镜，所有影像都可以呈现在面前，之前四个时代的媒介如电影、电视、电脑、手机也都不再需要了。我们畅想一下2042年的某一天，早晨起床不用睁开眼睛就能知道时间；路上我们不用看指示牌和方向牌，就能知道行进的路线；上班的时候，我们可以跟在美国洛杉矶的人面对面地进行交流，这是因为这些信息都可以通过虚拟现实的智能眼镜进行传送。到那个时候，每个人都会习惯这样的情况，即低头看手机反而被视为一种奇怪的行为。我相信，未来这一设想一定会成为现实，"低头族"会成为一个历史。

而在迎接这一新媒介时代到来的时候，我希望中国大有作为。在PC（Personal Computer，个人计算机）时代、移动互联网时代，中国都落后太多。我希望在虚拟现实时代中国不再落后，而且要由中国公司来引领这个时代的浪潮。

【点评】杨元庆：我觉得你畅想的未来很美好，现在的技术也能够让我们感受到中国的创新企业也成长起来了。关于你谈到的体积大、画面小的问题，你们的技术现在能解决吗？还是说未来会解决？

覃政：我们现在的光学技术已经可以解决这两个问题。我们公司研发的超薄光机已经具备体积小、画面大的特点，但是目前还没有推向市场。

因为显示技术、图形处理器的处理速度等都还没办法与之相匹配。随着这个产业的不断发展，等到相关技术的发展都成熟后，我们的超薄光机就一定会推向市场。

【点评】杨元庆：无论是在技术上，还是在推进进度上，我觉得都很不错，有属于自己的创新。与美国等其他国家类似的VR&AR技术公司相比，你们的优势在哪儿？

覃政：在未来，全世界的科技公司都会向轻薄和大视角的方向努力。我们从2012年开始专注于复眼光学的研究，当时也还没有其他公司在这个方向发力，到2013年、2014年的时候，国外开始有一些公司朝这个方向努力。但是在早期我们就有了很强的专利布局，所以在技术积累方面我们有领先优势，我们也会在这个方向上继续走下去的。我们的很多产品是来源于自己的创新，我们希望通过这一点保持自己的差异化优势，而保持差异化也是一个公司保持持续创新的动力。

【点评】丁健：与传统的VR&AR相比，你们的不同点在哪里？

覃政：现在全球范围内还没有制订统一的虚拟现实技术标准。随着VR技术的发展，VR硬件出现了 Gear VR、Oculus 等一系列的封闭平台，对此我认为机会来了，我们可以在与封闭平台相对应的开放平台上努力，也希望能提出相对应的标准。2013年，我们提出了一个虚拟现实的全新标准，这套标准坚持兼容，目前国际上已经有其他创业公司在采用我们的系统标准。

【点评】汪潮涌：VR&AR于20世纪80年代被提出来，2015年Google开始开发VR&AR系统，对于你们来说，你们是否拥有核心技术，比如操作系统、编辑器等？

覃政：虚拟现实的核心技术在于跟这个世界的交互方式，就像我们智能手机的特点在于操作系统，但是最重要的是手机的触屏交互方式。交互方式关系到我们如何跟这个世界互动，如何驱动这个世界，如何判断自己的状态，从而在未来确定自己的方位。每个人之间的位置如果实现互通互联，那么人们之间虚拟现实的社会才能互联，而当我遇到一个人的时候，我能知道他是谁，并知道他的信息。这套技术是基于用户位置的定位系统，是类似于WiFi的网络系统。目前我们正在跟联想公司商谈智能手机方面的合作，探讨如果通过智能手机实现虚拟现实方面的交互。

【点评】刘道明：你们采用的是什么操作系统？

覃政：我们采用的是一种三维立体的空间操作系统，这是我们认为的未来交互方式。未来的交互方式包括空间的触碰，是目前很多公司着力研究的一个技术方向。

陈奕伦：近几年，青少年健康成为中国父母非常担忧的一个问题。那么如何解决这些问题呢？有人希望通过互联网平台和技术帮助中国家长解决孩子们的心理健康问题，具体做法有请幸福创客的创始人兼CEO苏德中先生跟我们分享一下。

苏德中：我从剑桥大学心理学博士毕业后，和朋友创办了一家公司，名字叫做"幸福创客"。我们的愿景是，将学术资源贡献给全社会，通过新的科技提高人们的幸福感。如何实现这个目标？我们选择从儿童着手。在我国，每年有一千万儿童的心理出现问题，平均每30秒就会有一名儿童因为心理健康问题自杀，这个现实非常严峻。因此，中国的家长有一个痛点和诉求，那就是让孩子更幸福、健康地成长。所以我们面对的市场是2.74亿家庭中1~18岁的儿童及青少年，而如何弥补现在中国教育所缺失

的，提高未来一代的幸福生活，是我们的使命。

在具体的做法上，我们希望用一种创新的方式来做。比如，利用互联网，我们将国际上著名的心理学家号召起来，搭建了一个平台，在这个平台上他们可以用闲置的时间为家长服务，让家长们把面临的各种教育问题能通过互联网平台得到解答。同时我们希望能实现国际化，因此在创业之初我们就和国外知名学府签下了协议，希望将国外科学的教育方式迅速引入国内。我们也明白可能会有水土不服的问题，所以我们搭建了新的C2B（Consumer to Business，消费者到企业）学习平台，家长提出他们的问题和想订制的课程，我们的专家团队提供资源，开发出一些解决问题的个性方案。

在实践的过程中，我们也在思考如何把我们这个东西变得更有趣，更方便传播，从而传达给家长。所以我们组建了一个本土化的团队，除名牌大学外，我们找了豆瓣、知乎，他们特别了解80后、90后，这样我们就更容易将产品推广出去。同时我们跟本地各种亲子杂志合作开发APP，通过他们已有的流量把我们的专业呈现出来。换句话说，我们只是做我们最擅长的工作，把最好的内容提供给有需求的用户。短短三个月，我们开发了300个课程，我们的客户从最初的200个增加到1000个，再到7万个，还建立了50多个心理测试实验。

企业都需要承担一定的社会责任，比如可口可乐做了很多社会公益，我们也将社会公益的理念融入我们的基因之中，涵盖在服务的全过程。我们把收费和免费分开，以让更多有需要的家庭可以得到免费的服务。

为了实现这个目标，我们接下来会做三件事情。第一，保持我们健康的盈利模式。现在我们的盈利模式有两种：一是采用VIP会员制；二是线下合作。因为培养小孩的领导力、自信和自律，需要线下的配套，比如游学、玩具、图书等，家长希望得到我们这类专业机构的推荐。第二，跟大企业合作。我们的产品是覆盖家庭幸福、孩子健康的产品，如果某些大企业的理念和我们相通，那么我们可以将自己的产品作为对方的一个礼物送出去。第三，跟传统的教育机构合作。比如，国际学校、幼儿园等都希望我们能解决孩子在成长中遇到的一些问题；同时我们也将国内做得比较成熟的游学、夏令营项目引入我们平台，从而为孩子提供更多线下交流、学习的机会。

简而言之，我们希望作为一个线上入口，提供专业服务，辐射到线下的平台，从而做出一些真正对社会有意义的贡献。同时我们也希望从孩子入手，提高中国孩子的幸福指数。

【点评】汪潮涌：能否介绍一下你们的产品？

苏德中：我们的产品包括两大部分：一是线上的课程，目前我们累计已有300堂课，线上的课程平均以每天新增2堂课的速度在成长；二是心理测试，这些心理测试题一半是从国外购买版权的，另一半是我们自己的心理学家研发的。

【点评】虞江波：你们的产品基本上是个性化的，那么你们有多少客服？

苏德中：我们制作的课程都是用标准化的工具提供个性化的服务。我们通过对大数据的分析收集到不同年龄段客户想做的事情，从而给客户推荐不同的咨询和课程，这与今日头条有点相似。

【点评】虞江波：这也就是说需要客户进行搜索，没办法做到"一对一"的服务？

苏德中："一对一"的服务更多是线下服务，比如，上面说的游学、夏令营，因为线上很难解决"一对一"服务的问题。换句话说，线上只是提供信息和工具，如果需要深入做"治疗"，我们的平台做不到也不合适做。

【点评】喻杉：你们团队里有多少人已经为人父母，具有实战经验？

苏德中：我们团队里有人已经为人父母，但就如医生不用大病一场就能做医生，我们学的专业是心理学，我们希望推广的是教育科学，我们相信教育的逻辑和原理是可以通过学习获得和发展的。换句话说，我们认为，只要找到专业的教育从业者，那么孩子成长中所遇到的大部分问题都能迎刃而解，而不用在乎他是否具有教养孩子的经验。

【点评】刘道明：我们最近在做老年人社区，会将老年人组织起来谈价值观，探讨人为什么活着的问题。目前这个老年人社区发展得比较好，受到了很多老年人的关注。所以我想问的问题是，你们提供的这些课程或者线下的活动，是否会与孩子有价值观方面的交流，因为我觉得孩子们也需要一种价值观的引导。

苏德中：我们提供的儿童教育围绕10个不同的维度展开，虽然我们的课程方式可能是Q&A，也可能是测试，但其背后有一个严密的框架以及理论。虽然孩子们可能目前感受不到，但他们已经潜移默化地受到了影响。

陈奕伦：现在全世界科技创业的浪潮一浪高过一浪，国内也呈现出大众创业、万众创新的良好局面。接下来有请Xtecher的CEO戚宗超跟大家分享一下他的创业经历。

戚宗超：2004年，我从美国大学毕业后回国创业。2004—2014年，我只做了一件事，就是把世界各地的铁矿石尽可能地呈现在中国消费者的面前，让他们在建桥、修路、建房子需要材料时有选择性。现在国家提倡"中国制造2025"和"互联网+"，因此我期望在2015—2025年再做一件事，那就是聚集全球所有的科技人才，让所有的科技人才在这个平台上找到志同道合的小伙伴互相启发从而做出靠谱的科技项目，获得投资。

在着手做这件事的时候，合作伙伴问我，这件事微信就可以做到，为什么还需要咱们这个平台？在我看来，即使创业者创造出来的技术不错，但他不一定了解市场；即使他了解市场，他也不一定就可以去创业，因为他还需要团队。这种情况下，我们可以提供一个平台，让他们先将自己创新的主意抛出来，找到志同道合的人组成一个团队，让投资者看到他们的能力，从而做出投资这个项目的判断。拿到投资后，他们再开始创业，这样创业成功的概率就会变大。

从2015年春节开始，我们就马不停蹄地做，同年5月底网站上线，三个月的时间内，我们这个平台上就有了100个创业项目。在咱们这个平台上展现的创业项目，首先要拍一个短视频介绍这个项目是做什么的，团队里都有什么人，另外还需要有一个PPT，或者一篇文章把这个项目更清晰地展示出来。除了线上的呈现之外，我们还组织了一些线下的活动。

举一个例子，有一个团队做大数据分析时发现美国有很多药的专利即将到期，但即使专利到期，这些药的剂型还可以用好几年。在这种情况下，他们不用研发，可以直接做这些专利到期药剂的仿制药，然后将这些药卖给药厂。他们的技术非常好，在MIT（Massachusetts Institute of Technology，麻省理工学院）创业大赛中得了奖，并获得了天使投资，于是他们回国创业。回国一年后，他们在寻找A轮投资，但情况不太理想，于是我们就帮他们组织了一个线下论坛，邀请这个领域的国内外专家出席，包括懂得制药技术的人、药厂的人，让他们给这些人讲自己的技术。论坛结束后，我们将会议纪要整理好发给投资人，结果有投资人感兴趣，我们就将投资人邀请过来做了一个线下的对接。这就是我们要做的事情——帮助创业者搭建团队，帮助他们推广，帮助他们对接能够产业化的资源。

刚刚过去的8月24—26日，全球青年领袖创业论坛在青岛举办，哈佛、MIT等世界30多所顶级名校毕业的创业者带着他们的项目集聚于此。在这次会议上，有10多个项目跟当地政府或企业达成了合作意向。其中有一个项目跟"一带一路"非常契合。那是一个非常简单、轻便的污水处理装置，目前他们在跟印度政府合作。因为印度的生活用水不太干净，但经过这个装置的过滤，当地居民就可以喝上净水，从而减少疾病。一家青岛当地的企业看到这个项目后，觉得这项技术特别好，于是就决定合作。我们这个平台要做的事情，不仅是让这些项目对接到资金，而且想通过科技创新来提高人们的生活质量。

【点评】丁健：您这个跟FA（Financial Advisor，财务顾问）有什么区别？

戚宗超：我们不做FA。因为我们既没有这方面的经验，也不专业，我们做的是更前端的事情。我们主要是把项目的特点告诉大家，让大家知道这个项目并帮它做一些推广。

【点评】杨元庆：就是将创新的想法、项目和投资人联系起来？

戚宗超：不仅仅是简单地联系起来，而是让他们更加深入地了解这些创新技术和项目。我们做的是以科技为核心的创新领域，并不是所有的投资人都对科技感兴趣。我们觉得国家的发展离不开工业，工业的转型还是需要技术和科技，所以我们希望把全世界的科技人才都号召起来，将他们的创新技术变成产品，让工业转型升级得更快一点。

陈奕伦：刚才几位的创业都集中在高新科技领域，接下来这位的项目是用新的科技来改变一个传统行业，有请马良行创始人兼CEO胡周斌。

胡周斌：我们所做的事情与传统行业相关，但又融入了一些科技的元素，比如3D、互联网，我们希望做的是传统行业没有做到的事情。

在英国读书的时候，我进修的是工业设备。2008年，当我第一次接触3D打印时，我就萌生了一个想法：用3D打印技术定制首饰。因为传统制造业从开模到产品成型可能需要一两年的时间，而3D打印只需要一两天的时间，整个生产链条的时间缩短了，这是一个可以创新的点。在我看来，创新是每个人的本性，我们每个人在购买首饰或礼品的时候，都在寻找独一无二的东西，而这也正是我们落实创新想法的载体。为什么我要选择首饰市场？因为这个市场非常大，而且还在不断增长，整个首饰领域也在转型升级，而我们要做的就是首饰定制。

如何实现首饰的定制？我们开发了一个手机应用，通过这个手机应

用，可以记录客户所说话语的波纹，然后将其融入定制的产品之中，也通过这个手机应用让收到这个定制产品的人能重新听到这段话。另外，客户也可以在手机上快速作画，画出自己想要的产品，然后我们通过代码将设计图和产品打通，通过3D技术直接生产。

我们的定制端采取开放的形态，我们有一个设计团队帮助客户将想法呈现出来，在2天时间内就能完成设计，然后给客户提供三维展示。在这个过程中，除客户本身的想法之外，设计师的想法也会融入其中。从这些产品中，我们筛选出一些优质的作品，邀请定制这些作品的客户成为设计师，在我们的平台上分享他的想法和作品。

目前来说，我们的销售渠道主要集中在线上。每个订单生成后就会连接到我们的工厂，每一个订单从模型到实物只需要五天时间，国际订单可能需要7~10个工作日。在制作上，我们采用的是3D打印。虽然我们拥有三台3D打印机，但我们可以调动的3D打印机有20多台，因此每当我们自己的机器忙不过来的时候，我们就会将这些订单分发出去，这样就能解决弹性化生产的需求。

因为我们家在经营着美斯特邦威，所以我对零售比较清楚，我之前也在天猫工作过，我们整个团队也都具有深厚的相关行业背景。比如，技术人员来自阿里，市场人员来自新浪微博，产品设计总监之前在法国有过十年的首饰设计背景。其实我们公司从成立到现在还不到两年时间，我们用了一年时间将前端与后台打通，这是一个从0到1的过程。之后，我们用了四个月的时间将所有产品的毛利率翻了一倍。接下来，我们要做的是渠道的拓展：一是B2C（Business to Customer，企业对客户）的拓展，二是线下门店的设立。我们可能会通过已有的线下资源做快速铺垫，建立自己的线下体验店。大家想象一下，客户进入一个首饰店，里面摆着打印机，现场就可以将自己想要的首饰打印出来。当然，我们采用的不是精致的材质，但客户可以快速拿到产品的样板。这是我们线下店铺的概念，对我们来说，更重要的在于品牌的建设和用户的体验。

【点评】杨元庆：我觉得这个方向非常好，个性化、定制化一定是用户需要的。但是定制化一定会带来更高的成本，这方面你是怎么考虑的？另外，你们的零售店面和线上是如何配合的呢？

胡周斌：所有的定制服务最大的问题都出现在供应链。因为定制把原有的供应链和大批量的生产变成了一个非标准化的过程，而3D打印技术则可以将非标准化的生产变成标准化，从这个点上，我们的成本能够得到控制，而且3D打印技术还在不断提升，成本会进一步下降。

线上的优势在于我们的流量没有限制，线下更多的是用户体验和平台展示。我们后续的营销推广最终还是希望用户回到线上。比如，客户看到某个产品以后可以进行快速分享，而在现场可以快速转换，让客户快速拿到产品。

【点评】丁健：现在最终的产品中3D打印居多？

胡周斌：先是3D打印出来，然后进行浇铸，当然还是需要人工的介入。

【点评】虞江波：你们现在是3D打印和人工相结合，订单少的情况下可能没什么问题，但将来一旦达到一定规模以后，这种模式可能就适应不了了。

胡周斌：目前，我们在生产端主要集中于生产流程和生产标准的制订，如何实现生产流程的可复制性。3D打印只是一个工具，通过这个工具，我们能更快速地、低成本地实现这种定制化。当然，未来可能会有其他技术出现，从更长远的角度来看，新出现的技术也有可能取代3D打印技术。我们所面临的一个问题是，如何用更高效、更标准化的方式去解决这个问题。

【点评】**虞江波**：你背后有美邦的服饰帝国，为什么却要进入饰品行业？如果进入定制服装行业，大家或许更能理解。

胡周斌：饰品市场的"蛋糕"非常大。在创业之前，我在天猫工作。逢年过节的时候，大家都在礼尚往来，而我却从来不送，因为我找不到有意义的东西作为礼物，我也不愿意花时间去想送什么东西更合适。于是，我就开始琢磨做一个非常有创意的产品，可以作为人们送礼时的一种选择。服装我也考虑过，但是我觉得服饰的局限性在那里，没有太多创意，所以就选择从饰品入手做一个落地。

【点评】**喻杉**：我很喜欢你做的事，我不懂你们怎么控制成本，但是你一定要坚持大众化的定制道路。不管是首饰定制，还是服装定制都是"高大上"的，我觉得大众化定制是最有前途的。

陈奕伦：这次我们迎来了一位参加亚布力论坛的最年轻的创业者，MicroH$_2$O水环保科技首席执行官兼联合创始人徐浩文，下面邀请他跟大家做一下分享。

徐浩文：记得我大概八岁那年，外公过70大寿，家里请了十几桌酒席为外公祝寿。吃完饭，大家都高高兴兴地陪外公聊天，但是我却非常愤怒。为什么？因为午餐有鱼翅，每人一份，这是我不能容忍的。最后我站出来跟大家讲了我的看法，至此之后我们家再也没人吃鱼翅了。这件事或许微不足道，但对于我来说记忆深刻，也让我明白，即使是一个小孩子也可以改变一些东西。

我父母都是企业家，十几年前开始创业，近几年已经将工厂开到了东南亚国家，如越南、柬埔寨、斯里兰卡。当老爸自豪地讲述他这些工厂的时候，我会问他一个问题：那些工厂是否环保，工人们是否开心。因为在我的认知里，我们不能为了营造自己的快乐生活而破坏环境。老爸被我说服了，有一天，他说让我到他公司去上班，担任"绿色环保形象大使"，我的工作就是监督环保、宣传环保。做了一年之后，我对自己所做的事情感觉非常欣慰，因为我每次去宣传环保的时候，总有人在听。

听到这里，或许大家会有一个问题：小孩子不在学校好好念书，跑出来做大人该做的事情是什么意思？其实不是这样的，我现在正在读高中，但我所学习的知识和课程都在网上进行，学校为我们搭建了一个平台，让我们做自己喜欢做的事情。前两天，我已经把高中的所有课程学完了，如果有时间我们还可以进修一些斯坦福大学提供的高等学科，比如高等级微积分。授课的老师都是热爱教育的一群人，其中有64%的人是博士。与传统的教育不同，我们还非常注重体育，我的很多同学都是运动健将，有网球冠军、赛艇冠军，我平时也喜欢打高尔夫球，我还是全国青少年拉丁舞冠军。

我现在正在做的环保项目叫MicroH$_2$O。大家可能有所了解，我们的传统纺织行业正在面临转型，很多纺织厂在国内生存不下去了，所以纺织厂的老板转而跑到东南亚国家的边缘地区开厂，这就导致污水处理成为一个很大的问题。在面临不能建管网、大型污水厂的情况下，污水怎么处理呢？我们的解决方案是分布式点源处理。简单地理解，分布式就是分开来，点源就是哪里有污染就在哪里进行处理。

通常传统的污水处理厂占地面积很大，一般都超过100亩地，而要把污水集中到这些污水处理厂需要搭建上千条管道。而我们的技术MicroH$_2$O是分布式的点源处理，用小小的罐子每天就能进行上百吨的污水处理。它的优势在哪里？其优势在于无须建造上千米的管道，占地面积小，运行成本低，封闭式无异味，而且零排放。我们甚至可以将这个污水处理装置做成景观，里面进行污水处理，外面是假山，污水处理之后流出来的水就变成了景观水。

那么这种污水处理方式究竟采用的是什么原理呢？它的基础原理是生物膜处理技术，即针对水中不同的污染物进行定向处理，比如过滤、生物离子交换、硝化和反硝化、生物氧化及生物再生等。有效处理指标包括COD（Chemical Oxygen Demand，化学需氧量）、氨氮、总氨和总磷等。在实际操作过程中，我们采取模块化的操作方式，比如根据水质特征串联处理单元、根据水量并联处理单元等。

除了处理这些分散的工厂污水之外，我们还可以处理生活污水。我去过东南亚的一些国家，这些国家有些地方的水资源不太丰富，如果我们能把他们的生活污水进行处理，那么他们就可以活用水资源了。这样做一方面可以解决偏远地区的水资源问题，同时也能为"一带一路"赢得广泛的信任和支持，同时为国内企业的国际化铺平环保的道路，为中国的环保企业创造一个更广阔的市场前景。

2015年暑假，我去了一趟美国麻省理工学院，在那里我学到了很多创业知识，比如如何找VC（Venture Capital，风险投资），如何运行公司。我也参观了著名的查尔斯河。它非常美丽，河水每天都是蓝色的，河面上还有白色的帆船，美不胜收。但是据我了解，几十年前这条河污染还非常严重，当地政府请专家研究污染治理的方法，得出的结论是河流的上游还可以治理，但下游已无法治理，即使治理也没什么效果。在这种情况下，政府和水利专家都放弃了，但民众没有放弃。1965年，一群对这件事非常关注的民众创办了环境治理协会，开始积极地对环保进行宣传，清理河道。1995年，美国政府环保部也推出了保护查尔斯河的倡议。就这样，

在民众与政府的共同努力下，2013年查尔斯河被清理干净了。

我从这个故事中得到的启发是，环保是一种力量和态度。作为一个少年，我有自己的视角、自己的态度和自己的力量，同样也可以改变这个世界。少年胜则中国胜，少年强则中国强，少年环保则中国跻身于世。我的创业和环保事业还刚刚起步，但是却已经得到了很多人的认可。

【点评】汪潮涌：特别好！分布式治污就像分布式能源一样肯定是未来的方向。中国的广大乡村、村镇适合小型的点源式、分布式污水处理，但是成本如何？

徐浩文：我们的污水处理不用再加其他的化学药剂，每吨污水处理的成本是0.8~1元，传统的污水处理需要1.5~2.5元，所以污水处理的成本问题其实已经解决了。

【点评】丁健：你怎么平衡上学和做环保工作，是否准备上大学？

徐浩文：大学肯定是要上的，我的平衡方法就是少睡一点。

创业与"互联网+"

　　"互联网+"是创新2.0下互联网发展的新业态，是知识社会创新2.0推动下的互联网形态演进及其催生的经济社会发展新形态。如何解读"互联网+"并应对其发展？在2015年亚布力青年论坛创新年会上，诺亚易捷战略基金产品副总裁柳平，北京普伴投资集团总裁王峰，庆余控股有限公司总裁高洋，衣+创始人、CEO张默一起参与了"互联网+"论坛的讨论，尔卡资本联合创始人、总裁兼董事长库德莱特·亚库甫江主持了本场的讨论。

库德莱特·亚库甫江：首先请大家简单地介绍一下自己。

柳平：我叫柳平，是来自诺亚财富旗下的互联网金融平台。

高洋：今天非常高兴各位企业家朋友来到美丽的黄山，参与亚布力青年论坛，我是安徽人，希望大家多沟通。

张默：我是做图像识别搜索引擎的，最早在美国硅谷和新加坡开始图像识别的创业，一年前回到北京在中关村注册了一家公司，又开始创业。

王峰：我们主要是从事债券资产管理和社区金融的。

库德莱特·亚库甫江：我们先来看一下各位对"互联网+"这个概念的具体理解是什么？

柳平：我认为，做桌子的有固定的模式做桌子，做蛋糕的会用蛋糕的模式做蛋糕，做机器的模式可能更固定。在"互联网+"的时代里，我们需要用新的想法去做更好的产品。为了进一步满足客户的需求，我们需要一层一层地分解产品到最核心点，挖掘用户的产品需求，重新定义产品，重新定义销售模式，重新定义行业规则。我们认为这种倒推思维就是互联网思维。

高洋： 瞎子摸象，描述了一群人在不同的角度、不同的时空了解一个事物的局限性。互联网+一直都是一个热度很高的话题，每个人都有自己不同的见解。我们经常听到两种声音：一种声音是"互联网+"，另一种声音是"+互联网"。前者是基于传统的立场去理解互联网这种信息工具的应用，它就像汽车、飞机一样，改变了我们的生活；后者是从"+互联网"的思路，从一开始就用互联网思维做一些革新，甚至是革命，与传统的行业应用互联网工具是完全不同的出发点，但最终殊途同归。

更多的时候，我们在"围城之内"的人要关注到"围城之外"人的发展。无论是传统行业充分利用互联网金融和互联网工具，来促进自己本行业、本领域的发展；还是在"围城之外"，人们革新性地使用互联网思维，从更多的角度解释事物的发展规律，这些都是非常好的思路。所以无论采取哪一种手法，我相信大家都赞同"互联网改变人类生活"这一观点。而人类应该适应这个变化，并且努力做出改变来迎接挑战。

张默： 我理解的"互联网+"是运用互联网行业和互联网技术以及互联网工具的思维，它的本质是切入用户最核心的需求和痛点，并以此为出发点来整合互联网和传统产业的资源，以及产业链的上、下游，并对整个商业模式产生一些颠覆性的重新定义或者是设计，这一整个融合的过程，我称之为"互联网+"。

目前新的技术，例如移动互联网、物联网、云计算，包括人工智能和深度学习在一定程度上改变了一些传统行业。互联网科技与某些传统行业

的进一步结合，会使之爆发出一个更强大的能量，去颠覆我们现有的整个商业体系，并带来更多的价值。我认为，"互联网+"应该以互联网为主导，而不是以传统产业为主导，是"互联网+"，而不是"+互联网"。同时，"互联网+"不仅仅是互联网+客户，也是互联网+用户，还有互联网+企业等。我相信"互联网+"会给未来带来颠覆性的变化。

王峰：目前的商业世界正在大规模地分化，基本上分成了传统企业和互联网企业。它们虽然都是公司，但是几乎不能算是一个物种。企业存在的理由就是创造价值。农耕时代是劳动创造价值，后来的工业时代是分工和交换创造价值，今天的互联网时代是连接创造价值，也可以说是劳动、分工和交换创造了价值，而互联网实现了价值的增倍。

我理解的"互联网+"不是修补原有的业务，做成一个简易的互联网应用放到网上去，"互联网+"应该是一个更高级体系对低级体系的覆盖。虽然随着互联网时代的到来，带给传统行业大量的焦虑和思考，但是这也是我们一个巨大的学习契机。

柳平：互联网不是一个固定的模式，它有很多表现形式，像腾讯是一个非常独特的以产品为主的公司，苹果也没有大量的互联网理念，其本质都是从客户的角度将产品的品质做到了极致。因此，它是一种以产品为主导的产业方式。

第二种方式是连接。尤其是腾讯的微信将人群连接起来，展示出强大的力量。我相信，每个人拿出手机打开微信，前面三屏估计都是没有固定的组织和形态的微信群，只是为了某一个特定的目的组织在一起。

第三种方式是技术。技术背后是不同的行业、不同的业态和产品。腾讯微信连接的背后是大量数据的收集和分析，以及云计算提供更加基础性的服务，但是最终还要考虑如何更精准地传达给客户，能够设计并生产出这样产品的企业就是一个"互联网+"企业。

库德莱特·亚库甫江： 关于创业，不知大家怎么看？

王峰： 我认为创业实际上挺简单的。我大学毕业以后就开始自己做生意，一个是因为叛逆，当时我爸让我去上班，但是我不喜欢按部就班地去上班，一心只想做生意。每个人都有自己的原动力，现在大多数创业者的顾虑太多，太多的理论指导也显得很麻烦。我认为，创业时期最好给自己设立一个长期目标和一个短期目标，就像我们做投资的时候需要一个支撑点和止赢点。成功需要坚持，但是在没干成之前大家都称之为"固执"。

创业前应问清楚自己到底想要什么，如果自己想要的确实只有通过创业才能实现，那就别顾虑太多，边干边学。读万卷书不如行万里路，行万里路不如阅人无数。你跟每个人进行沟通，那么每个人的经历、阅历都可以学过来成为你自己的经历和阅历。

柳平： 对于每一位创业的人来讲，创业初期必须对所在领域有坚定的信念，你是为了梦想和信念而创业，而不是为了承诺而创业，更不是为了投资人眼中的1％而去创业。

高洋： 创业不仅仅只是做生意，我们可以用创业的思路去经营自己的生活，从而让自己的生活更加丰富多彩。

张默： 我相信80后、90后的创业者会成为中国社会的主导和中坚力量，而不仅仅是一个标签。生命是一个旅程，时光带给你的是礼物，我们就不带遗憾地往前走。在这个过程中，你所经受的各种各样的考验，遇到的各种各样的人，其实都是命运带给你的礼物。创业会经历艰难的过程，其间也会有挫败感，但是只要坚守初心，我们便会逐步接受并享受这个过程。有句话说："登山者死在山上，战士死在沙场，创业者死在路上。"我想这也许就是最好的结局。

我之前曾在微软、IBM（International Business Machines Corporation，国际商业机器公司）就职，后来我辞职离开了，不是因为它们不好，而是我觉得自己应该像小鸟一样拥有更加广阔的天空，在天空中自由飞翔，这是我更享受的状态。创业之后，我的生活和工作完全融在了一起，且乐此不疲，因为我可以全身心地投入。当我们找到自己愿意为之不顾一切而奋斗的工作、梦想和目标的时候，这其实是一个非常幸福的状态。我觉得生活和工作不应该是如何平衡，当你找到为之不顾一切奋斗的事情时，两者就应该合一起，在这个过程当中感受并享受那种独一无二的幸福。

柳平：人类进化到现在都受制于懒惰，懒惰于改变是对未知领域的恐惧。但是总会有勇敢的人逆流而上，因为他们有坚定的信念，这也是社会发展会越来越迅速的原因。在每一个时间点，总会有一些人在努力尝试改变这个世界，推动世界向前发展。我们相信可以通过自己的创业，通过自己的价值体现能够逆流而行，让我们人类成为更高层级的物种。

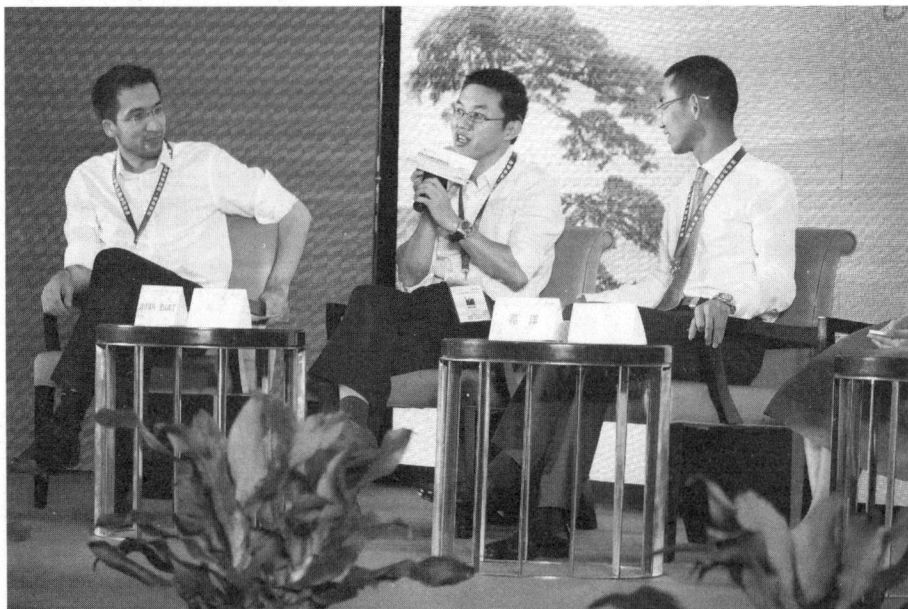

张默：生命的美好在于对未来的不可预知性，而这份不可预知性就掌握在我们自己的手中。创业就是一种很好的体验，可以让你把未来成功的可能性掌握在自己手中，这对于我来讲是一种极其致命的诱惑。

【互动环节】

库德莱特·亚库甫江：非常感谢各位给我们谈了一下自己的创业认知以及创业的初衷等。现在回到我们的主题"互联网+"，如果现场嘉宾有问题，也可以提问。

提问1：在全民创业的氛围下，我自己也面临这样的困惑，对于自己的员工离职创业，你们怎么看？尤其是那些掌握公司核心竞争力、核心资源的员工离职创业，你们有什么想法？他们创办的企业很可能跟我们是同一个领域，那么这对我们来说就是又多了一个竞争对手。

张默：我觉得要保持企业吸引人才的核心竞争力和架构，公司最核心的是什么？可能是技术，可能是资源，还可能是人才。我们如何设计这样一个体系，避免自己的公司受限于某一个重要环节？一旦这个环节被破坏，公司就无法正常运转，这样的情况是不允许出现的。每个企业都有可能遇到员工"跳槽"的问题，但是问题的核心是怎么不断地去吸引他们，如何让更优秀的人加入自己的企业。我觉得，我们要提供一个很棒的平台去帮助这些人才成为他们想要成为的人，而不是利用员工的价值去管理他们，命令他们，甚至是限制他们。我们是要一起来成就一个共同的梦想，我们是为了共同的目标才汇集到一起的。所以我们的团队都不是用制度规定他什么时候必须上班，他的KPI（Key Performance Indicator，关键绩效指标）是什么，只要主动激发员工的热情，他们永远都是主动且积极的，比如说自主加班。企业依靠的是持续激发员工的热情，持续地吸引更优秀的人才加入。

柳平：我在这个问题上的认知有一个与大家稍微不同的观点。你提出这个问题的一个出发点是，你认为这个公司是你的，这个业务当然是你的。实际上，这个公司是服务于一个目的，那就是你的梦想，就是你做这个事情能够给社会，或者说给客户和用户带来的价值。如果你忠于用户价值，你就会去想办法解决这个问题；如果你的着眼点只在公司业务归属权的问题上，那么就有可能会影响你对用户创造更多的价值。

·股份虽然很贵，也很重要，但是马云从来没有拿到过比重极大的股份。人和人之间怎么实现共赢？每一个人在创业的时候可能都有一个财务指标，这个财务指标有可能需要90%的股份才能达到，有可能10%的股份就可以拿到，这完全取决于你能够跟你的团队创造多少价值。如果大家都希望能够给客户和用户创造价值，那么你对自己梦想的坚持和热情也没有消减，那么这个问题就会迎刃而解。

如果员工辞职后自己创业，同样他也会为社会创造价值。当初你培养他们的成本虽然很高，对自己来说会造成一定的伤害，但是如果你内心的信念非常坚定，那么我相信你也不会介意员工自主创业。

高洋：可能一个个体和一个组织，他们在不同的时间段的目标是不一样的。以我们企业为例子，经常有一些交易员或者投行人士进来或者离开，但大家依然保持很好的朋友关系。我认为我们作为一个组织，很多时候有我们的组织目标，这个目标一定是坚定的、不可更改的，并且是需要不断推进的。现在每个人价值的实现已经不可能像以前一样，从学徒工到掌柜，从一而终。在一个企业做几十年甚至更长的时间，这在现在看来已经很难想象了。在这个过程中，有一些人能力突出，他们会选择暂时或者某个时间段再进入企业工作，实现他自己的价值。因此，不管他们是长期加入还是短期加入我们的企业，一定是因为我们企业的某些特质吸引了他们。

以我们为例，法律体系、会计体系、结算体系、风控体系以及IT支持体系，这不可能是高盛的一个MD（Managing Director，董事总经理）

一时半会儿搭建起来的，而且这些体系还必须适应中国市场。我们之所以有存在的价值，就是因为我们搭建了整套体系，他可以使用我们这套工具来实现他对市场的理解和交易理念。因此在这个过程中，实际上是我们在配合他。美国高盛公司自20世纪七八十年代开始就实行"合伙人制度"，阿里巴巴也实行这一制度。合伙人制度从一开始就是一种非常能够引起大家共鸣的制度，它是一个能够鼓励大家实现自我价值的体系，与传统的东家—掌柜—伙计模式不太一样，和地主—佃农的模式更不一样，更多的时候大家应该是良性的互相合作。所以我们的员工离开的时候，我们也可能会成为他们新公司的合伙人，这是我们暂时的一种做法。同时我们也希望他能够秉持职业操守，保护他原来所在机构的权益，我们也尊重"跳槽"到我们公司来的人保护他原有企业的资源。我们很少"挖墙脚"，大多数时候，我们更鼓励从高校招聘人才，并且培养他们，因为我们觉得这是很有意义的工作。对于"挖墙脚"，我理解为其是一种企业迅速赚钱的方法。一个企业是不是以赚钱为目的，这个是有待商榷的，企业的天职是为了获取利润，但是以什么样的一种方式去获取利润就需要大家思考一下。在我看来，我们就应该像传统的"徽商精神"一样，有所为有所不为。

提问2：我大学毕业后回老家创业，其间虽然遇到了一些问题，但总体来看，公司收益还不错。但最近一两年，我发现跟之前的同学之间的差距在拉大。他们大部分在一二线城市工作，跟他们相比，我发现我目前所接触的东西、所看到的东西相对比较低。他们对我说，如果我在一二线城市创业，花同样的精力，获得的成果可能会有天壤之别。我想问的是，在三四线城市创业有没有实际意义？在座各位是否有来自三四线城市的创业者？当时为什么没有选择去一二线城市创业，而是回到了家乡创业？

王峰：第一个问题的关键是县域城市有没有机会，第二个问题是我们不会去三四线城市创业。我毕业比较早，2010年的北京跟我们山西没什么太大的差别，所有的交易结构、沟通方式相差无几，只不过因为北京是首都，具有一定的地缘优势，资源等也确实比其他城市更有优势。山西的自然环境不太好，有些项目和业务在三四线城市没办法进一步发展。所以你的第一个问题还是要问问自己到底想要什么。我有一个朋友，他的IT非

常过硬，又懂互联网，他的目标非常简单——成为无锡城里最好的IT工程师。我曾经多次试图把他拉到我们公司来，但是每次都失败了。因为他有自己的目标，你即使给他再大的目标，他也会直接拒绝。所以，还是要问问自己到底想要什么。

张默：我非常欣赏你，因为我也是从三四线城市出来的，但是让我自豪的是，我从小就锻造了比较独立的个性，长大后去北京读书、工作，后来又去新加坡和美国留学以及创业、找工作等，所有的东西都是通过我自己的努力得来的，所有的关都是我自己闯的，每一分钱都是自己赚的，我可以在这个大世界里追求我想要的任何东西。即使你现在一个四线城市，你也完全可以见到一个更大的世界。因为互联网可以把全世界的信息都呈现在你的面前，也可以把你的信息传达到世界的每个角落。对于互联网的用户来说，每个人都是平等的。你选择在一个合适的地方改变你的家乡，改变这个世界，我觉得这是很值得钦佩的。

柳平：中国处在四个阶段共存的社会，即农业时代、工业时代、服务时代和互联网时代。其中，互联网时代是最前沿的，也是发展最为迅猛的，但是前面三个时代在中国各个地区都客观存在着。首先，我一直认为，与一线城市在经济上的差距越大，其发展的机遇和空间也就越大。互联网上有一句话，二流的人才在三流的行业做出一流的企业。顺着这个思路来看，我觉得三四线城市的机会非常大，关键在于你能否找到属于你自己的那块领地，并进一步发展。

其次，对比是非常痛苦的，在整个创业过程中，就看你的心灵是否自由。无论是在一线城市，还是在黄山、安庆，就像刚才王峰所说的那样，企业发展的空间完全取决于你的自由度。我出生在农村，然后去一线城市读书，再去国外留学，然后工作、创业。我们的成长路径可能不一样，但是我觉得我们的思想境界和精神层面都是一致的，我们都希望为我们身边的人带来一些变化。

库德莱特·亚库甫江： 我在新疆喀什出生、长大，后来去美国留学并创业，很多身边的人疑惑为什么我不留在美国的华尔街，或者是北上广深，而是回到新疆，因为我深深记得做这个事的初衷是什么。我知道新疆存在各种各样的问题，我也知道应该做一些事情去帮助解决一些问题。当我决定了去哪儿之后，我要做的是解决问题，而不是为了通过这个平台得到什么。

创业只以成败论英雄

在"大众创业，万众创新"的号召下，一批又一批的年轻人开始创业。但创业不能仅仅只靠热情和激情，还需要很多因素支撑。为什么要创业？选择什么行业创业？自己的性格、经历、知识背景适不适合创业？如何才能提高自己创业的成功率？在2016亚布力青年论坛创新年会上，发现创投创始合伙人徐亦凡对话亚布力青年论坛导师、赛富亚洲投资基金首席合伙人阎焱，从投资人的角度对创业的各个要素进行了解读。

徐亦凡：阎焱老师是投资圈最有声望的投资人之一，从1995年至今已有20多年的投资经历，他的很多投资案例都成为年青一代投资人学习的经典。2015年被大家称为"资本寒冬"，从2015年下半年开始，很多机构投资人的投资速度变慢了，您是如何看待现阶段的资本环境以及未来的变化？

阎焱：我认为，市场变冷有其两面性。一面是2008年经济危机使整个资本市场发生了流动性的问题，导致投资领域的钱大量减少，因此出现了投资的"寒冬"。另一面是资本市场趋向理性，从过去的不计成本到逐步走向理性，但市场并不缺资金，也没有资本市场的"寒冬"。

2016年第一季度，我国广义货币发行量是美国的2.7倍。过去货币发行以后基本上是进入了四个领域：房地产、基础设施、实体经济和资本市场。但现在房地产领域是进来的钱比出去的钱还要少，实体经济投资也进入了"寒冬"，中国的实体经济已经基本上没人投资了。

那么，资金都流到什么地方去了？在资本市场出现了很有趣的现象，一方面，大家觉得投资少了，市场有转冷的感觉；另一方面，市场上又有大量的资金出现。为什么会出现这个现象？主要是因为现在大家对于估值没有那么疯狂了，而是更关注盈利模式。当然，中国总是有一些资本在追逐估值比较高的行业，比如机器人、VR。所以，现在资本市场可能并不是进入了寒冬，只是热点跟过去不一样了。

徐亦凡：相对于整个国际市场，A股的估值偏高。您认为这一现象是将恢复到正常水平，还是会继续维持？

阎焱：我有两个基本的判断。一个是目前这种高估值一定不会长期维系下去，但可能还会持续几个月，也有可能会维持几年，甚至有可能是十年。在很大程度上，这种估值决定于货币供应量，如果政府广义的货币供应量降不下来，资本市场的高估值可能就会成为一个新常态。另一个是2015年国有企业的盈利空间非常大，以四大国有银行为例，2015年它们就占据了国有企业盈利的68%左右，但现在它们的估值却变得非常低。

徐亦凡：从2015年开始，有越来越多的年轻人参与到创业的浪潮当中。很多人会问，自己到底适不适合创业？对于这些创业者，您能不能为

徐亦凡　发现创投创始合伙人

他们提供一些关键指标？

阎焱：对于创业者来说，我觉得有两个指标：第一，创业是否能让你感觉到快乐；第二，你能否成功。创业成功有很多影响因素，它对创业者的知识、性格也有较高的要求。冲动、缺乏定力的人不太容易取得成功。很多年轻人特别爱喊口号，好像创业是一件特别悲壮的事情。但我觉得，创业就是你选择的一种生活方式，并没有特别崇高，不创业也不会变得特别低下，这只是生活方式的一种选择。

徐亦凡：赛富最近投资了一些热门行业，比如直播行业的映客，网红电商的如涵，这些热点是如何锁定并进入的呢？

阎焱：一位建筑设计师曾经说过："建筑师是一个永远有遗憾的职业，盖完房子以后，永远都能找到一些让你感觉到遗憾的地方。"投资也是如此，总有一些好的机会你没有抓住。早期我投资了阿里巴巴，但是很遗憾，我没有投资腾讯和百度。但是作为投资人，不可能全世界的机会都让你赶上，如果能这样想，那么我们就会变得比较坦然。从职业投资人的角度讲，我们更关注的是如何规避风险。

徐亦凡：我们如何做才能既避免风险又能进入比较热门的领域呢？

阎焱：映客和如涵都是我们主动去谈的。先说映客，在自媒体时代，在移动带宽基础设施变得越来越好的时候，我们认为视频行业最有可能在移动互联网上随着带宽的增加而得到蓬勃的发展。我们有一个小组去做市场调研，然后找到了映客。因为我们对这个行业事先做了很多研究，所以只谈了十分钟就决定签约了。

如涵也是如此。自媒体出现以后，很多做电商的都成功了。过去我们生产的服装大部分成本都要放在广告和库存上，但有了网红电商之后，就能依靠"粉丝经济"的力量，节约大部分成本。如涵在这方面做得很好，所以我们就选择了如涵。

徐亦凡：那么创业者是不是应该去追逐这些热点？

阎焱：创业要想成功，与很多因素有关，与知识结构和人品都有关，一定要选择让你做得舒服的领域。有些领域虽然是热点，但并不适合自己，还非要逼自己去做，结果把自己绷得很紧，弦绷得太紧就很容易断。创业一定不要把自己绷得太紧。

徐亦凡：有时候我也和创业者聊天，他们都说资本方变向太快了，拿捏不准资本方要向什么地方走。

阎焱：这样想就错了，创业者一定不要迎合资本方的热点来创业。你不能说VR热了，你就做VR，然后让资本方来投资你，一流的投资人都不是傻子。创业者会问自己："我能做什么？""我什么地方比别人做得好？"一定要根据自身的特长去创业。

徐亦凡：您在这么多年的投资经历中一定总结了不少规律，能不能谈一谈创业者在不同阶段可能会犯哪些错误，以及创业公司在不同时期可能会遇到哪些坑？

阎焱：有几个比较大的坑，是我们付出了鲜血和钱砸出来的。

我认为，创业第一个比较大的坑就是特别强调激情。不管是否适合创业，大家都去创业，什么热做什么。过去的这些年，我们发现创业是一个很漫长的过程，而且在很多时候创业者很孤独，尤其是在碰到困难的时候。对于创业者来说，最重要的决策只能你自己做，别人帮不了你。特别是对于年轻人来讲，激情来得快、去得也快，创业更多的是需要坚持。

第二个比较容易犯的错误就是贪多。这也想做，那也想做，这是一个比较普遍的毛病。有些公司刚成立就既强调战略，又强调战术，其实一个创业公司根本不需要这么复杂。比如一个卖大饼的，只要你的饼做得比别人好吃，而且物美价廉就行了。所以最简单的方法就是踏实。好高骛远，贪多嚼不烂，这是很大的毛病。

徐亦凡：对于创业者来说，格局观重要吗？

阎焱：我认为，对于创业者来说，格局观并不重要，企业发展到一定程度的时候才会谈格局。我们要先把核心的产品做好，再去谈格局。我们过去也在这上面吃过亏，过早地强调团队建设。其实，只有当企业发展到一定规模后，团队才变得非常重要，早期创业的时候并不需要。

徐亦凡：对于创业者来说，项目、金钱和团队，哪个最重要？

阎焱：我觉得这是一个比较愚蠢的问题。任何一个企业，光有人没有钱不行，光有钱没有人也不行。我们通常看一个项目的时候，既要看商业模式，又要看人，还要看它的竞争对手是谁。

徐亦凡： 在看一份《商业计划书》的时候，您是先看团队还是先看商业模式，还是先看市场？

阎焱： 我很少看《商业计划书》，一般会面对面地请他来给我讲故事，而且不要超过20分钟；如果超过20分钟还没讲清楚的话，这个项目基本上就不大靠谱。

徐亦凡： 现在，很多互联网企业存在数据造假的问题。行业里也有人说，投资人对企业进行第一轮投资的时候，希望创始人团队不要造假，但当这轮投资结束之后，反而希望创始人团队能忽悠一些。您对此怎么看？

阎焱： 如果容忍被投公司造假，那么这个投资公司不可能取得成功。我觉得，诚实对于创业者和投资人来讲是最重要的东西，至少在我过去20多年的投资生涯中，我没做过那样的事情，也没听说别人那么做过。现在是不是有这样的情况，我不是很清楚，但是在我所了解的企业中，会纵容造假的可能性比较小。

【互动环节】

Millie Liu： 如果您认为自己做的事是正确的，却不能活到证明自己对的那一天，您觉得这是一个比较悲惨的结局吗？

阎焱： 创业、投资是唯一用结果来决定胜负的，不像做学术。假如你是个创业者，如果你失败了，那么你没有任何借口可言。总而言之，商业上只以结果论英雄。

Millie Liu： 如果只看结果，那么它可能成功了，但其创业期间的某些行为可能突破了做人的底线。你怎么看待这种情况？

阎焱： 我觉得市场就是这样。比如说，某个人按照市场规则买进了你的股票，成了你的大股东。虽然他购买这些股票的钱是卖毒品得来的，但按照规则来讲，你就应该接受他的入股。因为在市场规则里没有说什么样的钱可以买，而什么样的钱不可以买。我只要按照你的规则在操作，你就应该承认它的存在，这就是规则的意义。

威廉姆：对于创业者来说，他们应该选择什么样的投资者呢？

阎焱：钱都是一样的，一元钱就是一元钱，没有区别，但是这个钱背后的投资人确实不一样。我个人觉得对于一个早期的创业者来讲，选择一个比较有经验、经历过市场波动的投资人更合适，而且选对一个投资人比企业本身的估值重要得多。因为当蛋糕很小的时候，估值多一点少一点对初创企业的影响非常小。但是一个好的投资人和不好的投资人，对于初创企业的意义和作用是至关重要的。

现在很多创业者特别在意早期的估值，我觉得这是不对的。投资人和创业者因为产生矛盾而最后导致企业失败的例子，我们看了很多，所以我们给自己的定位是，我们永远是创业者背后的人，我们不替创业者做决策。作为投资人，我们之所以决定投资，是因为我们认为在这个领域里，你比我们见到的其他人都好。我们在印度成立了一家像携程一样的公司，一开始市值是150万美元，然后我们从GE（General Electric Company，通用电气公司）雇了一个人，给了他30%股权。几年后，这家公司在纳斯达克上市，当时公司市值是20亿美元，我们还拥有48%的股权。所以投资人一定要明白一点，那就是你不能觉得你比创业者知道得多；如果你比他知道得多，那你就不应该投资他，而应该自己去做。如果他知道的比你多，你一定要听他的。当然，我们的职业特点就是看得比较多，所以应该给被投资人提供信息，帮助他，让他做出正确的决策，但是一定不要喧宾夺主。所以我们投资一个企业的时候，要永远站在他的后面，告诉他决策需要他自己做。

李豪达：合顺投资周伟在一篇文章中说了这样一件事，当风险投资基金的合伙人比较多的时候，选择项目时采用的是群体决策，这就容易把最好或最坏的项目拿掉，只剩下中等的案子。从您二十多年投资经验来看，风险投资基金的合伙人群体决策机制会不会真的导致这样的问题？如果扶持新人做新基金，那么您会如何设置基金的合伙人和决策机制？

阎焱：我很同意周伟的分析。现在无论是在投资基金里，还是在企业里，很多事情都说让大家投票决定，我认为这可能不是一件很好的事情。

民主讨论是政治的概念，不是商业的概念。商业上一定要有人做主，要有决策者。在非常发达的经济体中，大家都非常成熟，很有经验，这样的情况可以有投票机制。但是在中国这样一个急剧变革的新兴市场中，在内部、外部制度都还没有完善的情况下，如果只是合伙人投票，就非常容易出现周伟说的那种现象——最好的和最差的项目都没有留下，剩下的都是中间的项目，这并不是最理想的结果。

我认为一个基金，尤其风险投资基金，太大了其实并不好。我们做的上一个基金融资额达到了16亿美元，整整五年才完全投出去。很多VC基金的融资额只有3亿美元，这样最容易达到规模效应。因为基金太大了会逼你做一些大项目，做一些回报并不太好的项目，逼你扩大团队，投资决策也不会很好。我觉得，做风险投资非常需要有人来最后拍板，如果每个人一票，最后的结果就会出现大部分都是中间的项目。

胡周斌： 说到合伙人与创始人的关系，我觉得这类似于寻找以结婚为目的的女朋友。那投资者和创业者之间是怎样的关系？是像您所说的导师和学生的关系吗？

阎焱： 不是这样的。我不认为投资人能做导师。我觉得投资人和创业者之间是搭档的关系，各有所长。投资人是创业者的合作伙伴，可以一起聊天、一起分析，但是不要替他决策。

胡周斌： 如果投资者和创业者之间产生了很大的意见分歧，即使投资人做了很多引导和分析工作，但创业者还是坚持自己的看法，这种情况怎么处理？

阎焱： 我觉得每个投资机构都有自己的想法，我们通常会跟创业者去商量，但是如果创业者不听我们的，只要不违反逻辑和常识，我们都要听他的。在业务上发生争论的时候，我们一般都会以创业者的意见为主。因为他对行业的了解比我们深得多，我们有什么理由说我们的意见比他更对呢？尤其我们谈的是未来，我也不可能百分之百对，除非他们出现违反逻辑和常识的地方。所以我们的基本原则是，我们会讨论，但是在企业发展方面，我们会以创业者的意见为主。

王琛： 近年来有一个趋势就是，大众资本进入投资市场，这种现象您觉得正常吗？

阎焱：投资是很有意思的，它是非常容易入门的东西，因为投资的本质是花钱。世界上什么事情不需要学习？花钱不需要。但是投资这个行业又是最难的，在漫长的时间里，比如说10年、20年，你要做到拿回来的钱多于投出去的钱，而且要多得多。中国满大街都是投资人，但是真正赚的比赔的多的基金项目，全中国不超过20个。投资入门非常容易，但是取得一定成就非常不容易。我们有个简单的统计，这些年你至少需要花1万个小时，投资1亿美元，才能对某个行业有一点感觉。但如果这些都做不到或者达不到，那么你说出来的话就会不着边，你还只是一个雏儿。

我曾经被媒体痛斥过，原因是我反对年轻人创业。我觉得这是很冤枉的事情，我比较喜欢跟年轻人对话，但是喜欢实话实说，不喜欢做作。那一次是在北大的内部讨论，说没有媒体参加，所以我就说了一些话。我当时说，现在有些人，包括一些投资人对媒体说，现在一定要拥抱90后，放弃80后。我觉得这个观点特别不靠谱。因为我们做过统计，年龄在30~38岁的创业者创业成功率最高；在创业次数上，第三次创业的成功率最高，第一次创业的成功率非常低。很多人鼓励大学生创业，说实话，我觉得这是忽悠年轻人。我这么一说，媒体就把它断章取义，掐头去尾，给我冠上了一个"恶名"。

我确实不鼓励大学生创业。我觉得大学生只有踏踏实实地把书读完了，创业的成功率才有可能更高。当然也有天才，他不用上大学也能创业。但是这种天才毕竟是少数，我们不能把个案当作普世真理来忽悠所有人，这是误人子弟。年轻人创业最重要的，是能找到自己喜欢的东西，不要为了投资人的偏好而去创业。

苏德中：现在我特别担心自己成为创业中的"先烈"。您曾说，从0到1的创新，要想取得成功就需要领先市场0.5步，那么这个0.5步的度怎么把握？心理测评和咨询在欧美已经非常成熟，也都规模化了，但中国目前还没有。对于在这样一类中国还没有的产业或者是领域中创新，我们如何判断自己领先了多少步？

阎焱： 这是一个比较难的问题，因为没有标准说你领先多少就不会成为"先烈"。你一定要明白你的市场在哪里，你做的这个事情是真正的市场需求，还是假的市场需求。我们看BAT（百度、阿里巴巴、腾讯）所解决的问题都是人类自然的、天生的需求。腾讯解决了什么需求？无论是中国人、美国人还是希腊人，我们都有一个天然的想去交流、想被别人理解的需求，也都有窥探别人的需求，这是人的天性，也是微信可以蓬勃发展的原因。那么百度做的又是什么呢？互联网的发展带来了海量信息，而当一个人收到的信息太多的时候就等于没有信息，所以每个人都需要对信息做分类和整理，这就是"百度搜索"的作用。还有阿里巴巴，它解决的是人类自诞生以来最简单的经济活动——交换，它让世界没有难做的生意。

如果你所做的东西是满足一个需求的话，你就要考虑如何能在相当短的时间内把成绩做上来。对于创业者来说，要回归本质，要想清楚究竟需要建立一个什么样的模式，这是非常核心的问题。

赵宏阳： 我们都看到，在中国0到1的创业非常少，您认为如何才能改变这样的现状？

阎焱： 我推崇从0到1的创业不是因为它少，而是因为它不容易，是因为中国很需要它。但是坦率地讲，在中国今后5~10年甚至更长的时间里，中国的创新和创业也都是以1到N的复制模式为主。那么我为什么提倡从0到1的创业呢？是因为中国现在正处于一个"速食文化"占统治地位的时期，无论是投资人还是创业者，大家都想赚快钱。创业者希望今天创业，明天公司估值就能涨十倍；投资人则希望今年投了一家公司，2017年这家公司就可以上市。在这样的氛围下，中国很难出现从0到1的创业。我之所以提倡从0到1的创业，也是希望尽自己的绵薄之力，能在创业大潮中有这样一种声音，也希望我能做一些看得更远的、对整个行业更有影响力的投资。

任正非先生在最近的科学大会上有一个发言，其中有一句话非常有意思。他说，经过这么多年的增长，现在华为已经进入了"无人区"，华为现在的心境是茫然的。华为这些年来都是抄别人的，当然也抄得很好，并且胜出了。但当你没得抄的时候，你就进入了一片"无人区"，所以现在任总的感觉是一片茫然，对此我特别理解。任总的讲话还强调了一点，华为从2016年开始要加大基础设施投资，每年投入100多亿美元在全世界38个国家建立研发中心。华为的可贵和华为的领先，恰恰是给我们所有的人树立了榜样，不要被"速食文化"所困扰。

提问1：请问在人性的洞察上，您对年轻创业者有哪些具体的建议？

阎焱：对年轻人来讲，一定要专注，要耐得住寂寞，这是对现在创业者中急于求成、想赚"快钱"的人的一个忠告。我觉得每个人都可以创业，这是一个人天生的权利，不可剥夺。但是创业的成功确实与某些个性有关系，创业成功者必须都是聪明的，聪明是必要条件，但是我们找了多年也没找到创业的充分条件。我觉得从1到N的创业模式与性格的关联度更高，而从0到1的创业模式与知识的关联度更高。

提问2：在这个大环境下，有情怀的人是否不适合创业？您说创业成功没有所谓的充分条件，但是有没有创业不成功的充分条件？

阎焱：我在微博里讲过一句话："我觉得情怀像内裤，你得有，但是你不能天天让别人看。还有一句开玩笑的话，情怀说多了就有点像太监总说性事伤身是一样的逻辑，所以有些事只可以做，不可以说；而有些事只可以说，不可以做。"

情怀要不要有？每个人都要有。我们小时候的情怀是共产主义，要解放世界上2/3的穷人。但是在创业阶段，不要过多地强调情怀。一碗饭如果不好吃，你为了天下2/3的人吃下去，第一顿可以，第二顿可能就不行了。什么叫情怀？得有点超越的东西。什么叫超越的东西？你不能老想着自己的一己之力。比如我在农村插队时，看到当地的小学很贫穷，就希望自己做好点，可以给他们些补贴。情怀也可以慢慢变大，没有人生下来就想解放全人类，不然这个人不是天才就是傻子。我们大部分人都是常人，常人都在不断地成长，小时候可能没有什么大的理想，长大了以后理想也就大了。

徐亦凡：又做又说才是真本事，光说不练是"假把式"。

阎焱：对创业者来说，重要的是把眼前的事情做好，严谨而不好高骛远。我不反对年轻人有理想，但是我们碰到了太多的年轻人，一上来就讲理想、情怀，讲战略、战术，当问他怎么才能把东西做好时，他反而说不出来，这是比较可怕的一种现象。我是没什么远见的人，只看得见眼前的事。如果你问我中国五个月以后会是什么样，那么我只能说我不知道，也没想过。在我看来，把眼前的事做好了，做精致了，才比较重要。

人工智能的创业机遇

> 未来的 AI 硬件将会是综合性的。以前我们的硬件设备上没有麦克风、摄像头，也没有语音的功能，但是现在即使是手机这样小的传感器都具备了这些功能。人有眼睛、嘴巴和鼻子，所以具备这些功能的传感器一定要有。在未来，这些 AI 硬件一定是集约化、集成化的，是综合性的传感器，采用了综合性的算法。

人工智能在未来无处不在

文 **余 凯** ▶ 地平线机器人技术创始人兼CEO

今天我想分享的是关于人工智能的故事。这不光是地平线的故事，而是包括了在全球范围内人工智能已经发生了什么，正在发生什么以及未来会走向何方等在内的故事。我演讲的题目叫做《无处不在的AI Inside》。20世纪80年代，"Intel Inside"这个广告语，推动了信息产业的革命，其中包括PC。移动时代是英特尔和Windows所构建的生态，但在后移动时代，我认为人工智能无处不在，它会深入生活和生产的方方面面。

有一个很有趣的故事。2009年，谷歌有一位工程师发了一张图，说的是在典型的谷歌工作场景里，大家究竟讨论的是什么？发图的时候，他还不忘把微软嘲笑了一番，说："在谷歌，大家做统计，就像用EF（Entity Framework）编程一样。"其实这个时候已经有了趋势，即计算机编程的新模式发生了改变，英文叫做Paradigm Shift。每天我们的社交媒体、微信里都在讲这个事情。

昨天晚上，我有幸跟来自牛津大学的小同学一起吃饭、交流。这几个小同学当中有好几个已经在做机器学习，或者跟我说想做机器学习。这和我刚进大学的时候，大家聚在一起讨论各种编程是一样的。这是整个模式的改变。上个星期，当我在美国拉斯维加斯参加计算机视觉领域最顶尖的会议时，遇到了一个名叫Lee Redden的年轻人，他是2011年我在斯坦福兼职教课时的学生。我们好多年没见了，于是他很热情地介绍了他现在正在做的事情。

　　五年前的一个课间，他跟我说了他的一个想法。他认为，美国每年都依赖大量的雇佣劳工在田地里除杂草，如果用化学方法的话，农作物的品质又不高。于是他决定做这么一个项目——把自行车改成四个轮子，在上面放块板子和一台服务器，然后用计算机视觉的方法去识别杂草和农作物的苗，在精确识别哪些是杂草以后，他就用高压水枪喷出高温烧开的水，用特定的温度去杀死杂草。这样做不仅无毒、无污染，而且还精准、高效。他的这个项目叫CarrotBot，想用来给胡萝卜苗除杂草。他的CarrotBot没有做成，但却做成了LettuceBot，也就是"生菜机器人"。美国今天10%的生菜田地都是用他的机器人来除杂草的，而且可以保证绝对不使用任何化学药剂。他在这个机器人上面装了36个摄像头，从而能够便捷、高效地识别哪些是生菜苗、哪些是杂草。这是一项非常了不起的工作。

　　这只是大时代背景下的一个例子。大家今天都在讲人工智能的革命，因为人工智能真的可能会带来一次新的产业革命。为什么呢？因为它有一个很典型的特征。过去的三次产业革命都是"以人为中心"，主要是延展人的体力和脑力，让我们走得更快、飞得更高、看得更远。但是这次不一

样，这次的核心是能够独立、自主地进行决策行为的机器，它不以人类的命令和意志为转移。人工智能跟你下棋，甚至比你下得还要好。也就是说，这一次的产业革命诞生了一个"新物种"，而这个"新物种"或者是一个虚拟存在，或者是一个叫"Robot"的物理实体，也就是我们中文所说的"机器人"。

如果我们查一下词典，就会发现《剑桥词典》里对"Robot"一词的解释其实是"可以自主完成任务的机器"。也就是说，Robot指的是智能的机器，并不一定和"人"有联系。那是否存在"机器人"这样一个概念呢？实际上还是有的。很多人都在使用安卓手机，"Android"这个词在《剑桥词典》里的解释就是"长得像人的Robot"。所以我们把Robot翻译成机器人，其实是存在误导的，这对我们整个创业创新、创业投资都会有一定的影响。

是不是一个机器长得像"人"就是"机器人"？之前新闻报道的一个所谓的"机器人"，其实背后有五个小房间，每个房间里面都有人坐在电脑前操纵它的交互，跟一个木偶没有本质上的区别。这样的"机器人"是没有智能的，所以从严格意义上来说，它并不是机器人。它不是我们这个产业所需要的，造得再像人也没有意义。

反之，我们生活中遇到的很多产品有可能是机器人。比如说，原本汽车行进的速度、方向的改变都是由人所控制的，但是如果给汽车装上传感器、处理器和强大的算法，那么它就有了智能，可以代替人做很多事情，使行驶变得更加安全。这个时候，汽车就变成了拥有四个轮子的机器人。我们生活中有很多这样的案例，很多东西即使今天不是，在未来的大趋势下也会变成智能的，所以我们说这是"无处不在的AI Inside"。

再举一个例子，比方说猩猩和人类，这两个物种的基因非常相似。不过，其中一个拥有强大的骨骼，爬树很厉害；而另一个，却在探寻宇宙太空，在探索知识的边界。造成这种差异的原因何在？原因在于人类有着非凡的大脑。这个非凡的大脑除了同动物一样拥有感知能力外，还拥有其他动物所没有的认识能力，它可以把很多知识、现象关联在一起，形成新的知识。换句话说，人类懂得创造，懂得把很多东西、现象、知识关联在一起，形成认知体系，从而创造出新的知识。同时，人类还拥有改造世界的能力和愿望，因为人类具有非常强大的决策能力。

所有大脑的物理机制和生化反应，本质还是一种计算，而算法就是智力的核心。过去十年里，人工智能之所以从教科书上的概念变成了在工业与商业上具有现实意义的实践，就是因为算法的演进。在这里面虽然最受大家关注的是深度学习，而语音识别、计算识别包括控制决策，都会变得跟过去很不一样。

说到算法我们就要谈及处理，而处理又涉及计算，说到计算就会谈到芯片，因而对整个信息产业来说很重要的一个部分其实就是处理器。我们是不是可以为新一代的人工智能制造一个专用的处理器？在回答这个问题之前，我们首先要思考的问题是，人类的大脑是通用处理器还是专用处理器？如果你认为大脑是通用处理器的话，你能回答下面这个问题吗？$1729 \times 568 = ?$ 大多数人都不能立刻回答出来，因为人类大脑不是为这件事情优化的。但是人类的大脑会优化其他一些特定的技能，比如说语言。因为语言可以让个体之间协同，从而提高整个种群得以延续的概率，所以它就被人类的大脑优化了。

再举个例子让大家感受一下人类大脑的奇妙。当我们在阅读时，即使所有的字都是乱序的，但是我们依然能够读懂句子的意思。这是因为人类大脑在处理信号时是并行处理的，而且最后还会形成数据系统。鉴于大脑有类似于递归神经网络一样的系统，可以自动形成一些东西，因而我们可以设计专门的大脑处理器。

事实上，整个硬件处理器越是通用，它的效率就会越低，这是一般性的规律。可如果是专门设计，那么对专门任务就会有百倍、千倍的效率提升。因此现在我们需要做的事情，就是去思考在人工智能算法上，我们是不是要做专门的处理器。2015年7月，我们提出来要做"人工智能的英特尔"，但绝大部分投资人都不理解，什么是人工智能都还没搞清楚，你又要开始做芯片，到底是怎么一回事？2016年，谷歌公开声称它们要做人工智能的芯片，现在大家才觉得我们是有道理的。这是一个大趋势，是一个不可逆转的趋势，未来人工智能芯片普及率一定会比今天的CPU还高。

　　地平线希望做的事情是Define Bot（定义机器人）。我们要构建基于深度神经网络的软件系统和芯片以及它的计算机架构。基于这样一个平台，我们可以让人工智能的应用得到百倍甚至千倍的提升。现在我们构建的是两个处置领域的芯片和操作系统，第一个是自动驾驶，第二个是智能生活。在自动驾驶方面，我们跟一些国际主流车厂合作，利用单个视频网络和200元人民币的计算资源来实现这种强大的智能感知分析能力。地平线的这种感知分析能力，过去一年在世界评测上拿到了智能驾驶的第一名，受到了国际的广泛关注。我们还做了一个测试，就是在中关村这样嘈杂的环境里，以上面所说的200元人民币的资源进行了很复杂的识别跟踪。和美国的同行相比，我们的检测结果更加流畅，而且还有一个最大的不同，就是国外同行的测试情景都是欧洲和美国那种街上基本没什么人的情景，根本没有中关村这种复杂的情况。我们能够在复杂的情景中做出这样的成果，说明这个技术肯定是领先全球的。

　　在未来的十年时间里，我们认为平均每个人生活中将会拥有十件具有AI Inside的物品。未来这个产业会比现在大10倍以上，所以AI Inside在未来是无处不在的。

让AI技术融入大众生活

文 李志飞 ▶ 出门问问创始人&CEO

八年前，我在约翰·霍普金斯大学读博士，研究人工智能最核心的技术。博士毕业后我去了谷歌，主要做谷歌翻译的算法，通过提升算法的质量，使得机器翻译更准确。2012年10月，我回到中国创立"出门问问"。在过去10年左右的时间里，我从最初做科研工作，到去谷歌这类偏工程、偏产品的公司做研究和工程，最后回到中国自己创业做C2C（Consumer TO Consumer，消费者个人间的电子商务行为）产品，这其实是一段非常漫长的经历，同时我也见证了整个AI发展的历程。今天我想分享一下怎样把AI融入日常生活产品里，以及我对这件事情的看法。

在过去的两三年，我在中国的经历特别有意思。2012年10月，刚回国的时候，我跟很多媒体记者讲人工智能、语音交互，很多人并不是特别明白。但过了几个月，百度这样的大公司开始做深度学习后媒体才开始讨论这个新事物。到最近一年，很多以前是博士、科研机构的院长或者科学家都开始创业；再到AlphaGo打败人类成为围棋冠军，从而使得AI广受关注。

我跟很多人讨论过AI，但讨论后发现其实每个人对AI的理解和想法都很不一样。比如，我在跟一线算法工程师讨论时，大部分人觉得AI跟我们没有任何关系。那么，到底什么是AI？不同人群从不同角度谈论AI的时候有什么不一样？

我做了一个AI架构图，可以帮大家全面地理解什么是AI。比如，产品层面AI是什么，产品背后的技术是什么，核心算法又是什么。相对应地，对AI的理解可以分为三层面。最基本的层面可能是普通老百姓或者是一些媒体。他们想知道究竟有什么AI产品能为我们所用,这时候像无人驾驶、无人机、谷歌眼镜或Siri这类交互产品就是大众所认知的AI,这些都是AI产品。中间一层是稍微专业一点的人群。比如,互联网企业的CEO或产品经理,他们关注的是AI技术到底能做出什么样的产品,现在发展到了什么阶段,是不是已经足够成熟。这个层面就会出现语音识别、自然语音处理等比较大的学科知识。最上面一层是工程师或科学家等专业人士。他们关心的是如何通过一行一行代码,把算法敲到计算机里,从而实现真正的AI。我读博士的时候,每天研究的都是数学模型和计算机算法。所以我觉得,如果我们真的想认识AI,那么就非常有必要去了解当我们在讲AI的时候,我们面向的是哪一类人群,一个人理解的AI和其他人理解的AI是怎么联系起来的?怎么从产品到技术再到真真正正地实现AI?

在把AI的不同层面解释清楚后,我想再分享一下我所理解的AI在过去几十年发展过程中的一些分割点。首先需要声明的是,这个分割没有任何科学依据,也不一定非常严谨。由于我个人的背景是从科研到产品再到创业,所以我一直强调AI的产品化,把AI做成老百姓能用的产品和使AI商

业化，所以我所说的分割更多地是从应用的角度来划分的。

我认为，从早期到2005年是AI的1.0时期，接下来的五年是AI的2.0时期，而2016年是AI 3.0时期的开端。大家不用关心这个分割是否科学，因为这并不重要，重要的是大家要理解过去几十年间发生了什么，有什么标志性的AI事件发生。

2005年之前更多的是计算机科学的建立过程。在这个建立过程中，AI技术可能与计算机技术同步进行，而计算机发明出来之后，AI就开始了。很多人认为，这个时期是基础理论的搭建期，比如深度学习算法、概念统计、机器学习、深度学习模型等。比如，今天大家讲的深度学习跟以前所讲的，在理论上没有本质的差别，只不过因为当时的计算条件、数据量的限制等，深度学习没有得到很好的发展。当然，这里不是否认今天深度学习的进步，只是说在AI 1.0时代，像Siri这类的产品就已经做得非常好了。只不过，当时的AI技术都是学术界的人在玩，在应用方面最多也只是美国军方政府有一些相关项目。在工业界，AI就是一些形象工程。比如，IBM的深蓝机器打败了人类象棋冠军，也有问题回答系统。但有人用过这些产品吗？回答是："没有。"或者大家连这个产品到底能干什么都不知道。我记得很清楚，我曾经去IBM面试，跟做Watson（IBM Watson是认知计算系统的杰出代表，是一个技术平台）的院士聊，他们有五六十个科学家在做这个工程，他们认为，从整个公司层面来讲，这个工程就是一个特大的品牌活动。当然我们不否认这些品牌活动和形象工程给企业带来的正面影响。比如，为了做深蓝机器人，为了做 Watson，IBM可能需要设计非常庞大的计算机系统，而也正是因为这个形象工程，这家公司的计算机技术、计算能力、协同运作能力都得到了很大的提升，这亦是形象工程带来的价值。

2005—2006年是AI发展的一个转折点。2006年以前，从来没有一个以AI为核心算法的产品得到过大规模的应用，但是谷歌的科学家们把非常难的机器翻译算法做到了互联网产品里，每天可能有几亿人在使用，有十几亿个句子在翻译。谷歌翻译对之后的深度学习、语音交互的普及都起到了特别大的推动作用。因为机器翻译其实是非常庞大的AI系统，也就是说如果你解决了机器翻译的问题，那么你就解决了所有AI的问题。因为机器翻译本身就是AI里最核心、最艰难的问题之一，它涉及对自然语言的理解等各种各样的复杂技术。

那么，谷歌翻译为什么有这么大的影响力？在它之前，也有很多公司尝试做机器翻译，但他们都强调算法，而谷歌翻译却不一样，它把算法、数据和计算结构，即整个体系结构全部都调动了起来。比如，在数据层面，我们在学校做机器中英文翻译时，翻译系统中一般有很多个句子对，一句中文对一句英文，让机器去学习，若能有五万个句子对就不得了了。但谷歌翻译把所有互联网网页的内容都抓取了下来，让机器自己去进行配对，它用的句子对可能是几亿个、几十亿个，而我们在学校和军方用的只有一两万个，这是数据层面上的差别。

在约翰·霍普金斯时，我们所在的语音、语意实验室是美国最好的实验室之一，那里有60台机器。但是我们的机器经常要半夜启动，这也很苦。而在谷歌做翻译算法时，动不动就几千台、几万台机器同时运转。这些都是相辅相成的，你有海量的数据，就必须得有强大的计算系统来处理，反过来也一样，你有超强的计算能力，那就必须得有海量的数据来支撑。如果有很复杂的算法，但数据不够，算法的很多参数就得不到训练，当算法变得越复杂，需要的数据也就会越多，而处理数据的翻译能力也需要越强。一直如此循环，才能保障谷歌的翻译产品能在全球被大规模使用，而且谷歌翻译是八十多种语言的翻译同时运行，这与我们以前做的单语言翻译不同。

谷歌语音识别系统、谷歌计算机视觉识别系统都在经历同样的过程。谷歌有一种很好的企业文化，那就是大家对沟通的重视。在学术界，做语音的团队瞧不上做翻译的团队，做翻译的团队也瞧不上做语音的团队，但谷歌语音识别团队平时经常互相沟通，这也是一种潮流。如果问IBM和谷歌的算法有什么不同？答案是没有很大区别，因为我们都是同一批人训练出来的。但是为什么谷歌可以做得这么好？就是因为谷歌有这么大规模的配合。于是，后来就有了语音，有了各种各样大家都知道的应用，AI从1.0到2.0其实就是AI技术从学术界、军用到民用，从B2B（Business to

Business，企业对企业）到C2C（Consumer to Consumer，个人对个人）。AI在视觉和语音的应用中，很多都是C2C的产品。

现在我会强制自己屏蔽掉一些跟AI有关的信息，因为我觉得大家的想法太美好，但很多都做不到。比如，现在大家都觉得深度学习很厉害，担心机器人通过深度学习，某一天或许会超越人类智能，甚至把人类灭掉。这个说法听起来特别有煽动性，很让人激动，但我个人认为这是无稽之谈。大家都在说AI会怎样，但当真正体验AI产品的时候，我们又发觉所谓的AI总是非常笨。比如，大家用出门问问语音搜索引擎或百度语音搜索或Siri时，你说的话有时候它能听懂，有时候它又听不懂，这就是想法跟技术的不匹配。要想实现两者的完全匹配，中间还有很长的路要走，很多的问题需要解决。

那么未来AI会朝怎样的方向发展？会有什么样的趋势？我总结了以下两点。

第一，从软件到软硬结合。过去很多AI产品都是手机上的APP，大家用起来其实很不方便。因为用户已经习惯用键盘和触摸屏，所以语音交互或者别的AI技术很难得到非常好的运用。这时候必须有新的硬件出现，它从设计开始就以AI为基础，这也是为什么有些硬件可以使AI的需求和用户的习惯得以完美结合。

第二，从信息到服务。之前很多AI产品都用来提供信息，但随着移动设备或便捷计算机的发展，我们需要的不再是信息而是服务。当人们查询咖啡厅时，其实想要的是买一杯咖啡；当人们查询航班时，目的是要订机票。这是一个很大的转变，从信息到服务，在服务中用户就会有所改变。简而言之，信息查询是非常简单的，服务则会很复杂，这是一个很大的挑战。

未来的AI硬件将会是综合性的。以前我们的硬件设备上没有麦克风、摄像头，也没有语音的功能，但是现在即使是手机这样小的传感器都具备了这些功能。人有眼睛、嘴巴和鼻子，所以具备这些功能的传感器一定要有。在未来，这些AI硬件一定是集约化、集成化的，是综合性的传感器，采用了综合性的算法。

接下来，我想介绍一下自己对产品化的思考。其实，"出门问问"的工作核心是做很多算法，除了语音交互之外，最近也在做其他与AI相关的算法，比如手势识别等。但这些算法还处于比较早期的阶段，不像语音交互那么成熟。因此，我们希望未来能打造一个AI平台，能够做更多的事情。

所以大家可以理解为，这是我们出门问问公司，或者整个AI产业都有可能经历的一个阶段，即把AI作为核心算法，然后在这个核心算法上架构一些其他东西，比如软件交互系统、智能手表交互系统、智能车载交互系统（TicAuto），或者在TicHome（智能家居）、Tic Robot（智能机器人）等产品外嫁接这些原生态的设备。我认为，这种形式是整个AI产业的一种可能发展方向，从算法到交互系统再到软硬结合的产品，使用户能感受到AI产品的有用性，而不只是一个DEMO（Demonstration，示范演示），这也是我们自己的发展思路。

现在，"出门问问"主要有两个产品。一个产品是智能手表Ticwatch，这款产品已超越了其他的安卓智能手表，在2015年6月推出第一代，2016年推出第二代，销量非常不错。智能手表听起来不怎么高大上，就是手表而已，但智能手表里应用了非常多的AI技术，除了语音交互，还应用了手势识别等技术，比如晃两下就可以实现一些操作，而想挂电话往前晃即可等。我们在Ticwatch中键入了一些推荐系统，当我们了解了用户的一些信息后，就可以向用户推送精准信息。比如，如果用户想查询航班的登机口，手表上就会出现一个卡片，显示具体的登机信息，假如登机信息有变更，它也能通知用户。

"出门问问"的另一个产品是车载场景的产品Ticmirror，它能代替汽车后视镜，而且更加智能。从功能角度来说，Ticmirror是让后视镜拥有4G联网、可视屏幕等功能，因此更为方便。比如，很多司机通常都左手握方向盘，右手拿手机，这一行为其实非常危险。但使用Ticmirror后，如果司机想切换一首歌时，只需要来回滑动，因此这是非常方便的交互方式。

现在，我们也在构建与机器人、视觉等相关的技术，可以识别人脸，判断前方有没有目标，人的表情是痛苦还是开心等。到目前为止，这还只是一些初步的技术，我们还在思考到底什么样的产品能够用到这样的技术。坦白地讲，我不认为当前市场上所谓的机器人技术有任何意义，尤其是C2C的一些技术。如果B2B的机器人技术能给特定行业解决一些特定问题，我觉得非常棒，但是我们自己的兴趣是做C2C，所以技术要怎么用？我们还没有想清楚。

虽然大家可能认为智能手表没有那么高大上，但事实上它集合了很多技术，比如自带通信功能，外出跑步的时候不带手机也可以接打电话，接收信息。同时，它还具备支付功能。当你去超市买东西时，只要把手伸出去就可以交付。另外，我们还有很多其他事情可以做。这是大家看得见、摸得着的AI应用，而不是PPT、讲台和媒体上讲的，可能还需要一段时间才能看到无人驾驶。我觉得，大家在思考AI应用化的时候，要思考一下它在未来两三年、三五年应该是什么样子。我们一直有很远大的目标，但是我们希望从很小的地方开始做起，做出AI应用产品，并在日常生活中得到应用。

当人工智能邂逅企业服务

文 **龙中武** ▶ 智齿科技联合创始人、战略官

今天我主要和大家聊一聊人工智能如何在企业服务方面做商业落地，又如何在客服场景下用自然语言技术做处理，以及它的现在和将来。

这几年人工智能技术被推到了风口浪尖上，阿尔法狗和李世石的围棋大战也成了一个避不开的话题。人工智能技术并不是这几年才被大家热议的，在这几十年里，人们其实一直都在波峰波谷式地关注着人工智能。但不管是20世纪五六十年代，还是20世纪七八十年代，人工智能都没能做到很好的商业落地，这其中包括了很多限制性因素。比如，当时的计算资源不够丰富，计算能力不够强，也没有很好的商业场景供其做落地。直到近十年，尤其是近五六年，随着人工智能领域的技术人才储备、技术进化和演进的逐步发展，不断涌现出了许多非常优秀的人工智能团队和较好的商业场景，这才使得人工智能得到了很好的商业落地。

其实我们身边所能感受到的所谓人工智能技术，或是单一的类别，或是一些技术型的组合类，无非就是以下四类。第一类，如何让机器人像人类一样去思考，这其中包含了机器学习、深度学习能力等人工智能的研究。第二类，如何让机器人像人类一样能看懂、会识别，这其中不仅涉及图形识别，而且还有视觉识别等技术。第三类，如何让机器人像人类一样进行语音识别和语意识别。在座的嘉宾中志飞公司研究的语音和语意识别就属于这个领域的研究。第四类，如何让机器人像人类一样去运动，这就涉及运动控制、运动分析，在座的嘉宾中孟秋所做的就是这方面的研究。

近年来，人工智能技术也逐渐在演进，我认为其变化发展主要集中在

两方面。一方面是交互方式上由繁到简的变化。过去交互需要通过输入代码指令的方式来执行操作，程序比较复杂。而现在很多人工智能可以通过声音、手势等识别交互，不仅操作越来越简便，而且也越来越趋向于优化用户体验。另一方面是服务形式上由最初的简单执行到彼此交互的变化。早期的人工智能技术，更多的是执行命令，几乎没有什么交互和互动。近年来，越来越多的能够互动的人工智能技术得到了应用，比如我通过人工智能订一杯咖啡，这其实就是一个互动式的整体体验。

下面请允许我简单介绍下智齿客服的业务，以便大家一起来了解和探讨我们团队在人工智能领域所做的一些研究，以及如何体现商业价值。智齿客服早期其实是一个AI团队，最早的产品形态就是客服机器人。我们所做的就是在企业服务的过程中，通过机器人技术去帮助企业进行客户服务，当用户来咨询业务问题时，通过机器人技术进行自动应答，实现用户咨询问题的过滤和分流。但后来我们发现单纯地靠机器人技术，并不能满足整个企业服务过程中的业务闭环，因此我们又完善了人工在线客服业务、呼叫中心业务和工单业务。我们整个方案的整合并不是单纯功能的集合和组合，而是在底层运用了非常强的人工智能技术。也就是说从整个方案的层面来看，它更像是一个整体客服业务的支撑平台，包含了人工服务、呼叫中心和工单中心等，而区别于普通的客服平台，我们的平台还在底层添加了很强的人工智能技术。打个比方，比如最开始我们在客服后台设置的是默认机器人主动与用户进行交互，当用户有问题时，机器人及时帮助他解决。但是有些问题其实并不适用于机器人来应答，这就需要很强的人工干预式的流程来协助用户诊断问题。如果转到人工，传统的在线服

务应该是人工座席收到问题后敲字回复，但是这样的效率和体验并不是很好。为了获得更好地体验并区别传统的在线服务，我们通过机器人技术来辅助人工客服，这样就大大提高了效率。同样，我们在呼叫过程和工单过程中也添加了许多人工智能技术来提高用户的使用效率和体验感。

智齿科技一直致力于把人工智能自然语言处理技术和企业服务做深度的整合。其实，我们还只是一个拥有两年多时间的年轻团队，从2015年6月15日正式推出我们的产品，到现在也才只有一年多的时间，但我们的平台目前已经累计拥有了3万家用户。也许3万家用户对很多做企业服务或是C2C企业来讲并不是一个特别了不起的数据，但值得一提的是，行业内做B2B业务，尤其是SAAS（Software-as-a-Service，软件即服务）的B2B业务，一般平均需要一年半到两年的时间，而我们最初积累1万家用户只花了不到200天的时间，接下来的2万家用户我们累计只用了不到100天的时间。我们提供的人工智能技术的整体方案，在客户服务业务上至少帮助用户分担了超过50％比例的工作量。目前我们整个机器人云平台在企业用户的数量级上，单月的机器人访问量超过了10亿量级，在企业服务过程中能够做到人工效率平均提升40％。因此我认为从用户的获取和认可层面，也能很好地验证产品是否可以帮助用户提供其所需业务的价值。

过去在很多企业内部，对外客户服务部都是一个非常重要的部门，且都非常依赖人工投入。以大电商平台京东、乐视网等为例，其整个呼叫中心的团队规模基本都在两千人左右。我们曾经核算过企业平均每一个呼叫中心座席单年的成本投入费用大概在10万元以上，其中包含工资成本、管理、培训、办公资源、社保等，当企业的客服部门达到千人规模时，每年的成本投入其实非常大，运营管理起来也会非常麻烦、非常难。因此后来就出现了一些像我们一样的团队，希望能够通过技术的推进来帮助企业驱动企业的业务发展和效率的提升，机器人应答技术就是在这样的过程中应运而生的。

在这个跨度大概十年的过程中，很多企业纷纷用到了智能问答、机器人问答技术，但其实它们的数据和业务依旧是隔离的。直到智齿科技出现后，将传统的人工服务和人工智能技术做了高端整合才改变了这一状况。在整合过程中,我们用了很多自然语言处理技术,下面我为大家介绍一下这些技术究竟都用在了哪些方面,又都取得了哪些效果。其实很多企业都在客服场景下做自然语言处理和人机交互,只是实现方式各有不同。众所周知,任何的人机交互都特别依赖知识库,因此知识库构建的好坏将会最终成为影响人机交互体验好与不好的一个关键性因素,于是构建知识库成了过去很多年内企业做人机交互的一个非常大的"瓶颈"。

下面我给大家简单介绍一下目前行业内绝大部分智能客服场景知识库的构建情况。其实,智能客服归根结底凭借的还是关键词,将用户所提问题拆分成10~15个词,在这些词中标定其中某几个为关键词,再将关键词的同义词全部罗列进去,也就是我们常说的用人工分解和语法结构拆分去填位,这就导致知识填位的初始化阶段非常难。因为通常做这件事情的知识维护人员至少需要具备两个技能:第一,要懂句法结构和知识结构,即怎样填位才能保证机器人在智能场景的交互下正常运行起来;第二,还需要懂业务。因为业务才是支撑整个智能服务场景的基础。然而这样一个人通常是不存在的。一般情况下,服务商提供的知识搭建都很专业,但大部分都不能真正且实时同步地懂用户的业务;用户虽然对自己的业务很了解,但又极少有人懂得知识拆解和智能应答。而我们智齿科技做了一些突破和改变,通过自然语言的方式去维护知识,采用了谷歌和IBM都在用的目前主流的统计语言模型技术。这样,用户在搭建自身业务知识库时,就不需要知识拆解和加工了,只需要懂业务就可以了。而作为服务商,我们也只需要将用户群体可能提出的问题作为知识点录入词库里,再设定好服务人员的答案就可以完成知识的初始化,并且实现非常好的人机交互效果。最难的一点是,不论是用户群体还是单个个体,每个人的语言习惯都不一样,因此同样的问题也许会有无数种提问方式。而我们要做的,也是能够做到的,就是最大限度地兼容和真正理解用户的业务,实现不同的问答方式分别得到相对应的答案。之前我们对行业内一个非常知名的电商平台同时也是我们的客户做了相关了解,我们产品的智能应答准确度高达96%左右,问题的解决率也达到了70%~80%的程度。以上是我们在实现方式上所做的一些非常大的突破,除此之外,我们还在底层技术上做了非常多的设定，在人机交互方面用了更多的引导方式让用户更快捷地获取想要的信息。比如，对语境的关联、寒暄内容和语料的扒取和学习做了更强的知识推荐的算法，把很多用户行为逻辑用机器深度学习的规则反馈到最终的交互效果上。

目前，我们的平台系统已基本能够做到在企业服务场景下，真正帮助企业解决在服务过程中所遇到的实际问题。那么，我们究竟是如何通过机器深度学习，让企业服务场景下的机器人快速成长起来的呢？我认为包含两个方面：第一，在知识库建立的情况下，让机器更好地理解已有知识，进而通过不同的提问方式实现智能交互；第二，如果知识库还不够完整，将缺失的部分、用户问到的超过知识边界的部分寻找回来。在这两方面，我们都做了非常好的提升，即以一个问题对应一个答案为例，人工智能在使用过程中会不断交互学习和积累，用户问的越多，其学习能力就越强，越能理解这个单点知识的意思，这样用户即使用不同的方式提问，它也知道该如何回答，甚至实现多人对话和上下文关联应答。比如，如果用户问"买一台电视机多少钱"，人工智能回答了用户提出的价格问题；随后用户又问"电视机架呢"，人工智能就能理解用户是要问电视机架的价格。另外，传统的人工服务都是客服人员打字回复，但现在系统收到问题后，机器人会预回答，将答案罗列在人工服务后台上，人工服务人员在检查回答没问题后便可直接发送给前台提问的用户，从而大大减少了服务人员每天的重复编辑。我们调研的很多用户都表示每天有将近80%的内容在重复编辑，这种无效率又枯燥的重复工作也会造成客服领域的人员流失，而我们的技术很好地解决了这个问题。同时我们对基于用户数据分析和操作行为的精准推荐，也做了很多大数据的处理工作。这样做的优势在于：一是能够很好地获取用户画像，在服务过程中做销售转换；二是基于用户身份的操作行为做精准内容的推送。传统的呼叫中心业务有一个非常苦恼的问题就是自检，而我们的人工智能技术完全可以自主将风险预检出来，实现自检。以前大多通过人工调配的分配处理和工单处理，其真正意义是整个应答流程的枢纽和连接，而这些其实也都可以通过智能系统和机器人来完成的。

不论怎样，人工智能都需要与市场运用结合起来，好的技术如何与商业结合，做出真正对用户商业有价值的产品才是关键。所以我认为人工智能的价值就是帮助和替代人类服务以及提升效率。除了客服场景，我们也做了一些其他尝试：比如通过提供技术帮助国内某一家VR（Virtual Reality，虚拟现实技术）厂商使声音直接与头盔交互；比如客户在VR看房场景下，看到房间里有一个沙发，直接可以与头盔交流，询问沙发的品牌和价格；比如在游戏场景下，如果玩家想要手枪，就可以直接对头盔提出需求。

　　未来，人工智能技术一定会非常普遍地出现在我们的身边，也许我们感受不到它，但是它却在真真实实地改变我们的生活。对于未来，我大胆地做几个预判，我认为可能会有几个方面的趋势。一方面，人工智能会建立更智能的连接，比如目前滴滴、优步已实现了人与车的连接，做到了车信息的智能推送。这就是一个人工智能的连接，建立更智能的连接，实现更智能的辅助。另一方面，我认为在相当长的一段时间里，我们不用担心机器人、人工智能会推翻人类的统治，它们其实只是在辅助人工提高生产价值和生产效率，通过更深度地学习，做些数据的沉淀和应用，以及实现更便捷的获取方式。我认为总有一天，人工智能会普遍到像自来水一样，只要把水龙头打开就能使用，而它也一定会更趋向于以云的方式，更便捷地获取人工智能所带来的商业和价值。

　　最后请允许我用老罗（罗振宇）的一句话来结束我的演讲："人工智能实际上就像一列火车，它临近的时候听到了轰隆隆的声音，你在不断期待着它的到来。它终于到了，一闪而过，随后便远远地把你抛在身后。"而这种被抛在身后无关乎好与坏，未来人工智能技术依然会以指数级的增长方式向前发展，而我们只需要享受它带来的价值就可以了。我的演讲就到这里，非常感谢大家！

人工智能的空中机遇

文 王孟秋 ▶ 零零无限科技创始人

我今天讲的主题是"嵌入式人工智能",这里面有两个关键词:"嵌入式"和"人工智能"。2014年3月,我从美国斯坦福大学博士毕业后回到国内看到的机会就是这两个字的组合。我们可以把它想象成两股力量第一次在历史时点上交叉所迸发出的新机会。我看到的机会是两股力量,就像左手和右手一样,左手是技术,右手是软件。

相较而言,我觉得左手是更强大的一股力量。这股科技创新的力量促使了几件事情的发生,其中一件事情就是使手机零件成本变得很低,这是由经济利益驱动的。比如说,一个摄像头模组拥有1300万像素,可它的成本只有几十美元,地磁加陀螺仪则只有几美元,这么低的成本在2013年之前是不可想象的。另外,手机的处理芯片,也叫核心计算单元,它的运算能力现在很吓人。我们做的Hover Camera(零零无限)里有大量的人工智能,驱动人工智能算法的芯片是蛟龙801。虽然它现在已经不是走在最前面的移动处理芯片,但是在一年半以前它还是非常厉害的。这个芯片有2.3G 4核的CPU和GPU,整个电路板尺寸只有3cm×6.3cm,相当于一颗口香糖的大小。

在我看来,过去那种需要通过蓝牙、WiFi遥控的智能设备,并不是真正的智能设备,便携才是真正意义上的智能设备应该具有的特点。我一直很不理解大家所认知的机器人是什么样的,长得像机器人的并不一定是机器人。因为机器人必须具备两个能力:第一,是能感知环境;第二,是可以自主地去作用于环境。所以按照这个定义,空调更应该算是一个机器人。因为它可以自主感知环境温度，通过自己的稳定系统去调节周围的温度。只不过它能感知的环境非常单一，只有一个维度，那就是温度。我们现在做的是通过嵌入式人工智能把大量的视觉赋予机器人。

为什么视觉这么重要呢？我们可以假设人是一套系统，我们有全宇宙最强大的计算单元，那就是我们的大脑。之前有一个报道估算过，全世界所有的计算资源加起来才相当于十个大脑的处理能力。但是我们的传感器不是很先进，虽然我们有五官，可以感知温度、味道、视觉和声音，但78%的信息通过双目获得的，所以视觉是最大的数据来源或者信息来源。我们现在要做的事情就是让这些小型化的机器人长上眼睛，能够睁开眼睛自主感知环境。

我们做的Hover Camer除了可以一键悬停，还可以在很复杂的环境里自动追踪人，同时保持一定距离。从技术实现的角度来说，挑战非常大。因为传统的算法，不管是深度学习算法还是人脸识别，都是在后台运行，相当于几十台电脑的集群，现在则要把这些算法都放在一个小型化的设备上，这是很难的。也有朋友质询为什么不通过云端技术，非要做在小型化的设备上？Hover Camer的飞行控制频率是1kHz，一毫秒要完成一个控

王孟秋
零无限科技创始人

制闭环，它传到手机上的延时是200毫秒，在这个过程中应该完成200次的自主控制，所以这些感知没办法在云端完成。

对于人工智能的未来，有时候我自己很激动，晚上甚至睡不着觉，半夜梦醒。我真的觉得接下来的几年将是非常让人振奋的时刻。因为硬件通过手机发展到了今天的程度，它能做的事情实在是太多了。我可以提前透露一些信息给大家，我们也在研发Hover Camer的下一代。其实Hover Camer第一代已经将高通骁龙801芯片的所有运算能力发挥了出来，它的CPU、GPU可以运行到100%，这是很疯狂的事情。我们的手机永远不可能把CPU、GPU跑到100%。很多喜欢自然机的朋友都知道，如果计算机超频就会过热，过热就会降频，怎么保持温度可控，从而使计算机能力释放到最大，这是设计上的挑战。Hover Camer第二代，其处理能力将比骁龙801更高，可以让200克重的Hover Camer小型无人机做到全自主视角，360°闭张，完全自主飞行。它可以自己降落、充电，重新起飞，在一定意义上，它已经有自己完整的生命了，这些东西之所以能实现，我觉得都是因为嵌入式人工智能为它们创造了这么好的一个机会。

接下来，如果要真正做出一个能挑战大家的想象力，更酷，或者让大家的生活变得更不一样的产品，我觉得需要有更好的处理器。现在在市面上的传感器精度很有限，所以还做不到人所具备的感知能力，但随着技术的发展，这些设备的感知能力可能会超过人。人为什么会有立体视觉？因为我们有双目。人类的双目能够做精确的距离判断，刚好是从指尖到鼻尖的距离，这不需要后天学习，是先天的能力。其余所有的东西则需要我们后天学习，比如说棒球运动员要整天练习怎么在高速运动的情况下去抓球。

在后天学习这一点上，其实机器可以做到比人更好。比如人没办法投一束激光出去，通过激光的距离来判断物体的方位，但是机器可以做到。从计算的角度来说，设备要达到大脑的水平，还有非常远的路要走，但是做一些低级别的认知，已经没有那么多障碍了。如果能同时实行8路或者16路摄像头的运作，基本上就可以实现四个方向的无死角视野，这样基本上可以保障设备在所有复杂环境里自主运动，这也就很接近于人的能力了，有时候比人类还要强。

接下来，我想再跟大家做一个分享，那就是为什么两年前我们选择做一个会飞的产品？并不是因为我们看到了无人机的市场，要做产品差异化，而是我们看到了背后的真实需求。

我们每个人的大部分时间都待在室内（家里或办公室），因此跟我们交互的大部分物体都在1.5米以下，这个空间里有很多障碍物，因此在这个空间里做路径规划是很有挑战的。这是因为：第一，视角受限，能看到的东西就这么多；第二，障碍物很多。而一旦能够腾空，1.5米以上的空间里除了几个人和几个柱子之外基本上没什么东西，从点A移到点B非常简单，速度很快，视角也不一样。另外，未来，在家庭机器人或会场机器人之外，为什么不可以有一对空中的眼睛？比如，人类的现代化战争也是这样，侦察部队都在天上，地面部队做攻城拔宅的事情。未来的集成系统也可能是这样，因为它的效率更高。

人工智能的"乌托邦之路"

文 **支 涛** ▶ 云迹科技公司CEO&联合创始人

非常高兴这次带着小亚和小布一起来到亚布力青年论坛，目前它们的主要工作是在酒店做服务生，它们可以在接到指令后自动乘坐电梯将客人所需要的东西送到门口，再打电话通知客人出来取，最后它们会自行搭乘电梯返回。昨天很多看到小亚和小布的朋友跟我说，它们工作起来的样子既像移动垃圾筒，又像大型扫地机器人。的确，它们的颜值是有点低，不过最近我们也正在给它们做美容和整形，过一阵儿它们可能会穿上土豪金的衣服，再次出现在更多的酒店里。我之所以把它们带来是因为它们最近也在不断学习，它们俩最大的理想就是要走得好。刚才孟秋也讲到了，让机器人在室内很复杂的环境里走好很困难，因此要想走好就要不断被训练。像人类一样，要想成为一名好的滑冰运动员，就要经过很长时间的训练。它们也一样，要见世面，见各种不同的地毯、水泥地及各种各样的环境，然后积累数据，训练自己，只有见更多的世面，它们才能走得更好。如何使它们走得更好，变得更聪明？如何使它们与人类越来越好地交互？这就需要人工智能。

从1956年到现在，人工智能已经走过60年了，它经历了三起三落。今天它依然是一门可能会改变世界的新学科，在这个时候我们应该用什么样的态度去拥抱人工智能呢？1954年麦卡锡提出"人工智能"这个概念，当时也有控制论、自动机研究、复杂信息处理等这些候选词汇，但是最后还是在1956年被确定为"人工智能"。其实这个词背后还隐藏着一层意思，就是要用智能机器取代人类的头脑。后来谷歌机器人帝国最初的架构师安迪·鲁宾也希望用智能机器取代人的头脑；"鼠标之父"恩格尔·巴特提出想用人工智能扩展人类的能力，于是智能增强（IA，Intelligence Augmentation）默默地改变着世界；苹果Siri（iPhone的语音控制功能）助手也在紧追人工智能的脚步。其实这两个阵营一直在进行着博弈。我们可以把它们想象成一个是英雄，另一个是反派，但至于谁黑谁白、谁对谁错，我们没有办法去评判。但我坚信一点，所有的选择和最后的结果都来自于这些人，而最后究竟是将我们带到一个乌托邦的世界，还是地狱般的世界，全都取决于这些人工智能的设计师们。

目前IBM、Facebook（脸书）、微软等公司都在做人工智能。微软的CEO还提出了六项规则，并希望AI是透明的。要透明到我们能够知道这些人工智能是如何设计的，知道它们输入的是什么、输出的是什么，中间又是如何处理的；要透明到当我们遇到问题时，我们人类可以理解并修复它们，特别是遇到重大问题和事故时，我们不能说："这是机器人做的，你去找机器人算账吧。"人类必须要为我们自己所做的人工智能负责，因此他希望人工智能是透明的。他还认为人工智能是辅助人类、帮助人类摆脱危险将人类保护在安全有保障的环境内的。

　　而对于未来的人人相处、人机相处，我寄希望于看到一个乌托邦的世界。下面请大家观看一小段视频，这段视频所表达的深意，也许和我们现在看到的不太一样。但是，在视频中人工智能机器人在小女孩即将被疾驰的车辆撞到的刹那间救下了小女孩，人工智能帮助人类更好地生活，这就是我们希冀的乌托邦世界。在下面的这段视频中，另一个公司也在用它们的人工智能产品表态，谷歌的这款无人车没有方向盘、没有油门、没有刹车，人类一旦登上这辆车，就等于把全部信任都交付给了它，由它来取代人类做驾驶员，带我们去想去的地方。我们人类所希冀的是不是真的可以如愿以偿呢？请大家继续观看视频。虽然这辆无人驾驶车是有方向盘、油门和刹车的，但它确实是一辆无人驾驶的人工智能汽车。它能精准地计算出抵达目的地的距离大约为4.6英里，而人类只需要上车尽情享受人工智能的服务就好了。在视频中，当目的地发生改变后，人工智能汽车把男主角带到了一个孤岛，此时距离目的地有四千多英里，于是男主角尝试着与Mr.Car（特指人工智能汽车）沟通。其实对于无人驾驶，目前我们依然有选择的权力，我们可以选择用人工智能，也可以选择不用，还可以选择想用的时候用，并希望终止使用它的时候就终止，这才是真正的人工智能，而这些对于人类来说还是很重要的。其实人工智能的原理不外乎仿生将其做成完全模拟人脑的生物体。我们不需要知道人脑是怎么思考的，只需要关注它的输出和输入就好了。这与工程类也挺像的。比如，飞机就没有模仿鸟翅膀的振动，而是采用了空气动力学。而我们所做的人工智能机器人Run在室内的行走其实就是一种无人驾驶，要先感知环境，特别是非结构环境，要认知环境，做出决策、行动，最后再做出反馈。与室外无人驾驶是一样的，只是环境不同。在这期间，我们也会用到人工智能算法和模型训练，再用这些数据不断地训练模型，使它最终走好。

　　未来人工智能究竟会成为我们的工具来帮助我们？还是会产生情感成为我们的伙伴？再或者是成为我们的敌人来消灭我们？因为它们的能力非常强大，它们不仅拥有超过人类亿万倍的计算能力，而且还拥有超强的记忆能力和超高的工作能力，这些都是人类不可匹敌的，它们会不会成为人类的敌人，甚至把我们弱小的生命都消灭掉呢？或许我们也希望成为一个

"半机器人"，今天我们和手机的关系其实已经密不可分了，而在未来，当一个婴儿出生的时候，我们是不是希望给他打入一枚脑芯片，使他不仅拥有超强的计算、记忆和超强的适应工作强度的能力，而且同时还具有人类的创造力和想象力，这样一个"半机器人"也许能力才是最强的。在这个边界上，其实我们不知道我们究竟是应该谦逊地生存下去呢，还是应该傲慢地死去，但我认为这完全取决于我们的内心，与机器无关。

莫拉维克有个悖论："要让电脑如成人般地下棋是相对容易的，但是要让电脑有如一岁小孩般的感知和行动能力却是相当困难的，甚至是不可能的。"很多人说："走好有什么难的，只要装上轮子，装上电机，保证电机有电，再给个指令就可以走了。"但是我们所认为的"移动能力"的四项标准是准确、安全、效率、和谐。我们要求它不仅要能准确地走好，而且安全也很重要。如何能不伤害人类，如何能在提高效率的基础上安全到达，其实最难做到的是和谐。大家刚才讲的看、听、说对Run的移动也是有影响的。比如，它实在走不过去，就应该用语言表达；比如，让人来给它让个路。再比如，它听到别人喊需要帮助或者希望它停下来的时候，它就应该停下来；当看到小孩的时候，就应该自动减速；在感知某个人的生活习惯后，应该以什么样的步态和速度陪伴在他周围等。

我们发明了Run这个机器人，打开了人工智能这道传送门，把机器人带到了我们的世界。我们给了它生命，又经过很长时间的设计、研发再生产后终于面市了。其实当它面市的时候，我们也是战战兢兢的。因为要把它投入人类的生存环境中在我们无法干预的前提下与人类真正相处，还需要很多磨炼。在工厂我们有将近两百项的测试，而且这些很可能还是比较简单的测试，另外还需要让它在不同的情况下应对不同的状况。仅"开关门"这一动作就做了上万次测试，才最终确保每一次都可以顺利打开门，还要确保它在被推的情况下不会受太大影响。就这样，经过反复磨炼后，我们认为它可以出去工作了，才让它自己向所有酒店发出了它的第一封"求职信"。在"求职信"中，它表示它希望自己做一名智能送物品的服务员，它的优点不仅是可以24小时无休，也可以和人聊天、陪小朋友玩儿，只是它需要每个月拿到合理的报酬，希望用它的劳动得到它的所得。

而我们也并没有想做"人贩子",没有通过业务员去推销、去卖它们,因为我们希望它能够用自己的劳动挣取自己的工资。

Run的"求职信"发出后,它接到了很多酒店的面试通知,我们也带着它去那些酒店做了面试。这段视频记录了它去如家孙坚孙总与它面试的情况。通过面试以及对它所做的包括问答测试在内的全套测试,来决定它的能力是不是符合如家员工的要求,是不是可以真正上岗。最后它通过了面试,在20家酒店成功应聘上岗了,欣喜若狂地走向了它的工作岗位。但是在现实中很多事情其实是意想不到的,例如:有些客人对它很好奇,特别喜欢它,就不让它走,但是它又必须要执行完任务,因为在它的头脑里执行任务是第一要素;也曾经有客人把它搬回自己的房间里进行研究等,当然客人还有很多无法想象的表现。虽然它要面临很多问题,但它的确也在这些问题中慢慢成长了。现在Run在这些酒店已经成功送货1.4万次,室内运行数据往返已经行走了七百多公里,送货成功率也已经达到了96%。当然如果它被"绑架"进了客人的房间,它也会打电话给前台,告诉前台它所在的位置,然后前台工作人员就会前来"营救"它,但这就算是它的任务失败。还有很多小朋友因为太喜欢它了,就围着它不让它走,甚至还有些小朋友在叫了五次物品需求后还在问是不是可以再叫它。可以说,工作后的Run经历了很多考验。这些机器人投放到酒店后与客人亲密无间地相处在一起,我们收获了很多,也获得了不少赞赏,这也更加坚定了我们想让它们变得更聪明、走得更好的信心。在人工智能机器人投入使用后,我们更在意的是客人的体验感。很多客人会因为机器人而选择在酒店多住一晚,也有些客人表示下次还会再来,还有些客人希望下次带着孩子一起来跟机器人玩儿。

其实人工智能已经在我们的前方了,我们见还是不见,它都在那里;我们跟还是不跟,它也在那里,不离不弃。面对人工智能,我既不悲观,但也不乐观,我希望用最正确的方法走最正确的道路,去接近和拥抱它。

与用户交互

文 王 昊 ► 幻腾智能CEO

我所在的幻腾智能公司是国内一家智能家居公司，消费者们可以通过智能手机来管理家用电器。我在清华大学学习的是精密仪器，之后在美国宾夕法尼亚大学第一次接触到了人工智能。关于双足机器人的发展，最难的是步态，因为双足机器人极易摔倒。因此在实验室里，研究人工智能很重要的一个工作就是研究机器人的步态。机器人应该学习怎么样的步态呢？当时有一位宾夕法尼亚大学的学长，让机器人每天自己练习走路，然后从它自己的摔倒数据中分析出适合自己的步态，只要走得足够多，最终就可以发现契合自己的步态，这是我最早接触的人工智能。

下面以我们的两个产品来描述一下我所理解的人工智能。

幻腾智能的一个产品叫做"苏醒智能门磁"。将其贴在门上或者是门框上，就可以识别门是关着还是开着。淘宝上也有传统的门磁报警设备，能实现你不在家时，如果门被打开了，它就会报警。后来还有些新的互联网公司来做这类产品，他们被称为"智能硬件"，它们可以直接连手机。幻腾的产品不仅可以在家里设置警灯，而且消费者的手机上还可以同时收到短信，将手机端和智能家居连接起来。

稍微有情怀的智能硬件公司做的是第三个层次的智能产品，我们称之为"联动场景"，即当门磁打开的时候，摄像头会自动启动24×7的闭路电视录像，或者开门的时候联动开灯，不再需要我们进门后去找开关。在资本市场，这种联动被称为"物联网"。

我们现在做的是第四个层次的应用，就是现在的门磁。我将一个门磁

安装在了我爷爷家，这个门磁在默默地学习我爷爷的生活规律，自动记录我爷爷的作息时间，比如，爷爷每天七点出去遛弯，九点晨练回家。一旦爷爷偏离了刚才我讲的这套轨迹，比如说他应该九点回家，但是今天九点半还没有回来，这时候门磁就会给我爸发一条提醒短信。这个看似简单的应用，但对于普通老百姓来说，可以真正地提供帮助。我们坚信一切技术应该为用户服务，一切技术应该为用户场景服务。

幻腾智能的第二个产品是我们准备开始量产的旗舰产品——可由手势控制的智能照明系统。比如说，我有洁癖，不愿意触摸开关，那么就可以由手势进行操控。

谷歌曾以32亿美元收购了美国一家温控器公司Nest，大家都认为温控器肯定有大量的大数据和机器学习，其实它主要是找规律。例如，温控器分析你每天学习的适宜温度是多少，在什么时间需要什么样的温度，反复找寻这样的规律来进行弥合。Nest和传统AI所做的研究不太一样，传统AI不管是做语音识别还是人脸识别，都是在"库"里学习，而Nest是要在短时间内发现人与人之间各不相同的规律。

如果说Nest只学习消费者每天的时间和温度，幻腾智能现在研究的是通过一个按键来识别你每天想干什么，要干什么。每天早上拉开窗帘，开灯，出门的时候关灯，打开家庭防御，你会发现要学习的东西非常多。比如说，今天是不是工作日，今天先出门的是我还是我老婆，今天的天气情况允不允许开窗，回家之后是先开客厅灯还是先开其他设备，这些都需要学习。当用户期望在两三周的时间内让自己的生活规律被系统习得的时候，相对应的研究也就变得很复杂了。

我们现在做的不是产品，而是把先进技术深藏其中，给用户使用。我们的CTO（Chief Technology Officer，首席技术官）会深入研究消费者，分析用户行为习惯，但我们认为至关重要的是将人的主观能动性纳入我们的研究和学习中。比如，睡觉的时候，我们的系统检测到消费者已经躺在床上，这时候系统会询问你，需要睡觉还是要再看一会儿书？如果单靠人工智能判断这个人是睡了还是需要再看一会儿书，其所需要的信息便会无穷无尽，判断的难度也呈现几何级数增长。我们完全没有必要将大量的信息计算留给系统，可以把用户纳入交互体系中去。

未来，幻腾智能会和更多的机器人厂商进行多方位的合作。现在很多机器人面临着将语音放在本地还是云端的尴尬境地，因为他们需要处理大量的数据。在我们看来，如果一个系统、一个引擎提供给研究者判断消费者行为导向的概率高达95%，那么研究者处理数据的就可以非常有针对性，可以放在本地引擎进行快速处理。

复制人脑与恋爱机器人

最近，"钢铁侠"马斯克脑洞大开：让人脑连接机器成为现实，它预示着人工智能的飞速发展。但无论是"地表最强大脑"史蒂芬·霍金对人工智能的忧虑，还是各国对解决人工智能所带来的潜在的法律、道德和社会问题，以及对于AI伦理的呼吁与重视，都预示着人类对人机关系的认知和定位日益迫切。人类与机器人的关系该如何定位？

地平线机器人技术创始人兼CEO余凯，中科视拓创始人、人工智能、人脸识别专家山世光，Scope Media Inc. 联合创始人兼CEO王延青，图灵机器人创始人俞志晨，Next Origin The rapeutics高级顾问丛乐都是人工智能研究领域的科学家和创业者，身处人工智能快速发展的热潮中，他们对于人机关系有何独到的见解？在2017年亚布力青年论坛创新年会上，他们对此做了详细的分享。

余凯：今天的话题是复制人脑与恋爱机器人，这个话题对我们理工男来说有些挑战，因为我们很少会思考这么浪漫的问题，但可以借今天这个机会，脑洞大开地去畅想一下。首先请大家先说一下各自在AI领域的研究，以及对今天这个话题的理解。

山世光：我一直从事跟AI直接相关的子领域——计算机视觉领域，就是赋予AI看的能力。今天讨论的主题是复制人脑，人脑很重要的一部分就是视觉中枢，它能够让人类看见世间万物。我们中科视拓公司的使命主要就是赋予机器知人、识面、辨万物的能力。我们从事的研究主要包括人脸识别，人的感知、情感、情绪，以及能够赋予机器看见万世万物的能力，

当然也在思考关于恋爱机器人的研究。

王延青：Scope Media的研究主要是在神经网络对计算机视觉的研究这部分，我们现在可以号称为最老的神经网络公司之一。除了一般图片视觉之外，我们在视频搜索领域还是比较领先的，现在最新的技术叫作非尖端学习的通用型视频搜索引擎，目前还没有看到其他类似的产品。至于恋爱机器人，我们在这方面也是有所思考的。

俞志晨：我们的研究跟今天的话题最切合。因为图灵机器人的定位就是做情感类机器人产品的，我们不止做单品，还会把整个技术服务开放给所有需要人机交互的机器人使用，当然也包括实体和虚拟机器人。大家都用微信，现在越来越多的聊天对话其实并不是人跟人，而是虚拟的机器人跟人在对话。据调查，80%左右的人都不知道跟自己对话的是机器人。机器人的智商、情商也在不断提升，若干年后，机器人会越来越聪明，聪明到人们难以分辨其是不是真人。

丛乐：我是做研究的，马上要去美国斯坦福大学医学院做助理教授。我觉得生命科学跟AI交叉的领域有两个：一个是遗传，另一个是环境。我们现在做了一个可以修改人类基因的技术，大规模使用可以改变遗传。但是除了遗传之外，我们如何跟环境互动包括情感互动、社交互动等，则需要投入更多的研究，恋爱机器人就是基于这种互动的研究，所以我们需要大量的数据和对数据的分析。

余凯：AI成为大家关心的话题，表面上看是因为媒体大量的报道，把曾经距离我们很远的科学技术与我们的生活联系起来。虽然AI热潮看似是最近几年兴起的，但实际上对人工智能的研究已有61年的历史了。

我们始终在思考能不能通过技术复制人类本身，是不是能重构产生生活的伴侣。历史上有一个词叫做"AI冬天"，原因是科学研究的进展赶不上人类对AI的幻想和期待。除了技术以外，我们更加关心的是AI跟人类的关系到底如何，一个新的时代是不是就是人跟机器共同进化的时代，我们必须要思考高速增长中的机器是敌还是友。

第一个问题，机器会有情感吗？或者在你们的工作中、你们的研究成果中有没有发现一些征兆？你觉得机器最终会具有情感吗？

俞志晨：肯定会有。但是要从两个角度来解释。一个是从工程的角度来解释。若从算法和模式上来定义情感，机器人有多种正向或负向的情感颗粒度，可让机器具备拥有情感的能力。从工程角度上来看机器是具备情感的，机器会无限制模拟人类情感的体现。另一个是从伦理和哲学角度来

解释。这是从端到端的方式。机器在学习很多人类或用户讲话的逻辑或情感时，机器人会有自己的情感维度或者认知。至于怎么产生情感，产生什么样的情感，还存在很多不确定的因素。目前从行业来看，更多的是停留在第一维度，就是强制机器人具备情感。

丛乐：我觉得很难判断到底何时会实现，但我希望机器能达到具有感情的状态。目前遇到的问题是研究生物医学的我们并不知道如何定义人的情感，甚至不知道记忆在大脑中是以何种物理方式形成的。

一个机器内部有许多程序，我们用大量的数据和人的感情训练它，训练机器掌握人的情感的一些共性。人最有意思的地方是每个人的情感都有随机性，这个随机性在生物学上还不能完全理解。我希望能够逐渐更好地理解大脑中情感的形成和机理，然后再想办法用机器的方式创造出来。

余凯：人的情感其实是非常个体化的，跟每个人的经历有关，包括不同的生活城市、不同的大学、不同的恋爱经历等。我想起一个故事，"二战"之后，苏联在战争废墟上举办了一场音乐会，这个钢琴家在战争中失去了全部家人，因此他在演奏时倾注了深厚的个人情感，现场观众听了以后也是泪流满面，这是因为他们有着共同的战争经历。我们可以用科技完

整地制造一个机器人，可以完全地重现这首钢琴曲，但是却无法复制钢琴曲弹出时的深厚情感。

王延青：我想谈三个问题。第一，在人与人的交流过程中和人机互动当中，第一个定律就是情感只有在互动中才能体现；第二个定律就是在情感的描述和认知当中，一定是以人为主的。今天早上我用自己的机器人扫了一下上衣，问它搭配什么裤子，它回答我要穿牛仔裤，但它并不知道我今天要出席的是怎样的场合，牛仔裤是否合适。所以机器人对我的反馈只是单纯的衣服搭配，你可以说它有情感，也可以说它没有情感，无法定论。在如今人工智能高速发展的阶段，我们不得不承认无论是在技术还是在伦理方面，中国仍处于追赶的状态。中国想要"弯道超车"，需要赶超的第一个领域就是图像识别。因为人脑有70%左右的功能都是用来处理图像的，图像对人有着巨大的冲击，能够产生表情、互动或者感觉。

第二，真正的智能互动是没有界面的，是人和机器以及智能环境之间的互动。环境会随着你的思维和动作产生反应并进行改变，机器人除了自我意识之外也会因此产生一种互动的感觉，对你的感情产生冲动。机器人产生感情并不是笑脸，而是被你感动了，有了感觉和认知。如果机器人放在这个环境里跟你没有产生任何关系，实际上是没有意义的。

第三，如果中国想要真正长远地超越其他国家，应当对人脑认知科学有更多的研究。现在国内主要的研究领域是在机理、病理及生理角度，而认知科学是另一个研究领域。在这个领域中，一个很重要的概念就是卷积神经网络，它是一种高效识别方法，是众多领域的研究热点之一。研究卷积神经网络就一定要研究人脑是怎么认知的，并且确定认知到底是什么。

因此，当我们研究人工智能以及人工智能对人的影响时，就一定要在互动的环境，一定要"以人为中心"，一定要有认知。

余凯：如果假设人跟机器是共存的，但机器比我们更加理性，计算比我们更加快捷，围棋下得更好，德州扑克也打得更好，那么预测一下在这样一个人机共存的未来，如何看待机器与人的关系？它是我们的工具、朋友还是敌人？它是我们的竞争对手吗？它是否会超越我们？

王延青：这是后人工智能时代，是人和环境、人和智能环境之间的关系，因此我们更多的是调动人。当处理机械工作或是超出我们负荷的工作时，就可以用机器人代替。我们可以利用这个时间去做自己喜欢的事情，不管是机器人还是人工智能，最终对人类是会有很大帮助的。

丛乐：我觉得机器人跟人肯定会有非常有意思的互动。一个产业发展一般都会经历概念到产品再到资本这三个阶段，现在人跟AI之间的关系还

处在概念阶段，还有很多的发展空间。但我觉得未来主要的研究方向会是如何把人脑跟机器进行无缝连接，让他们之间产生通信，可以让人用意识控制机器，比如感觉空调热会自动降温。但当机器可以跟人脑一起协作的时候，这件事情可能会变得更有意思，也可能更可怕。

余凯：我个人认为，脑机接口的研发是拯救人类的唯一出路。因为现在生物进化是非常缓慢的，机器进化从20世纪80年代末神经网络被提出来，到现在进化的速度是非常快的。如果这两个进化的路线是独立并行向前的，那么很难想象50年以后谁跑得更快，因为我觉得机器也会有情感，也会有理性的推理和决策能力，机器在很多方面都会超过人类。所以，人跟机器也是存在竞争关系的。

人类唯一拯救自己的方法就是通过脑机接口使得存储能力和运算能力极大扩张，使得机器进化的能力能够赋予人体本身智慧。也许可以实现在人脑中植入芯片，增强人脑的存储和计算能力。实际上，这个事情已经发生了。1997年，IBM深蓝在国际象棋大战中战胜人类以后，从第二年开始很多国际象棋比赛都是棋手旁边放台电脑，帮助棋手下棋。我们现在使用的搜索引擎，比如百度的搜索框本质上就是原始意义的外脑。我们今天很

难想象如果没有百度或者谷歌这样的外脑会如何，这表示人类已经开始了新的进化进程。

山世光：回到人和机器关系上，人和机器相比确实有一个非常大的劣势，机器可以非常快速地复制，而人的进化过程或者人的复制是非常慢的。人要经过很长时间的学习、成长才能成为有成年智商的人，但是机器一旦成长起来，它的复制繁衍是极其快速的，当AI逐渐在很多方面超越人的时候，会有和人敌对的一天。但就现阶段而言，我认同机器本身还只是一个工具。

余凯："人+机器"会比机器更强大。这个关系会从目前工具的状态逐渐变成人脑的延伸，就像汽车是人脚的延伸、有些工具是手的延伸一样。人脑的延伸与汽车给人类社会所带来的巨大影响是一样的。在很多智能领域，机器比人做得更好，比如未来的医疗、自动驾驶等。人逐渐不再需要自己有这样或那样的能力，反而有更多的时间和精力去发展其他的能力，这样人的进化也会加速。当然，人脑与机器的通信速率是加速的"瓶颈"。

山世光：现在我们只知道记忆是储存在脑细胞里的，但却完全不知道记忆是如何存储的。想要和外部的设备连接起来实现人机共存的混合状态，我认为还有一段比较长的路要走。

俞志晨：二三十年以后的人是既无聊又很爽。因为不管在现实世界还是在虚拟世界，都有很多所谓的AI机器人在为我们服务，在满足我们各个方面的需求。当然，人也会很无聊。因为你不用走出家门就可以去全世界旅游，可以参加各种活动……那时我们只需要坐在这里通过一些设备感知虚拟世界，或者让一些机器人帮我们干活就够了。

守业比创业更难

当分歧真的无法解决的时候，因为我是创始人、大股东、CEO，所以就会由我来拍板。开放的态度是让大家有更深入的思考，但我们不能指望每个人思考的深度都是足够的。在充分讨论之后，由我来做最终的拍板，那就不是一种独裁行为，而是一种加快决策力及执行力的必要措施。

从创业到守业

　　创新才能拥抱未来。这是一个创新、创业的时代，更是青年人的时代。在这风起云涌的创新时代，中国青年人如何在创业之后坚持下去，从而引领潮流，引领未来？

　　在2016年亚布力论坛夏季高峰会的青年论坛上，映客CEO戴琨奉佑生、零零无限科技创始人王孟秋、优信拍董事长兼CEO戴琨、翎客航天创始人胡振宇就这一话题进行了深入讨论。商业内参出品人李翔主持了该场讨论。源码资本创始合伙人曹毅、峰瑞资本创始合伙人林中华及丹华资本创始合伙人谷安佳对其进行了点评。

　　李翔： 在今天的论坛中，首先有请四位当下炙手可热的青年创业领袖分别进行15分钟的演讲，发表他们对公司、行业和未来的思考。再由投资人担任点评嘉宾对他们的演讲做出点评。

　　第一位演讲嘉宾是当下非常火爆的一家公司——映客的创始人奉佑生。说到映客，人们可能总会将它跟网红、直播等热门词语联系在一起。

　　奉佑生： 2016年上半年映客在行业里还比较火，但我很少出来发言，因此很难得有这样的机会跟大家分享映客这段时间以来的发展状况，以及我个人对未来的思考和看法。

　　我分享的主题是"全民直播时代的到来"。映客想传达的就是"全民直播时代"的概念，直播应该面向平凡人、普通人，这是映客的价值理念。

　　整个直播行业的发展已有十年历史了，早在PC时代直播就已经产生，当时人们看到的直播是另一番场景。十年后的今天，直播仍然存在，而且移动互联网把直播这扇门打开得更大，让直播充满了机会。

映客最早来源于一个定位，就是希望让直播进入主流生活。基于这个愿景，我们将映客的用户定位为高端群体，即一线城市用户和海外留学生，这部分人群被作为映客的"种子用户"。

我们通过移动互联网的特色颠覆了原来直播所有的商业模式，映客现在是全行业中唯一一家坚持无签约、无保底商业模式的直播平台。这样就使得来自映客的用户以素人为核心，他们在平台上不以赚钱为主要目的，而是真正地分享他们的生活和快乐。

映客于2015年3月成立，同年5月产品上线，现在激活用户已超过1.3亿。从规模上看，映客在苹果应用商店APP下载排行榜连续几个月蝉联榜首，在全球APP中收入排行第三，在非游戏类APP中，即使是BAT也没有达到过这样的成绩。2016年7月，映客月活用户量为3800万个，远超行业内的第二名和第三名。我个人认为，直播将有机会成为微博、微信之后的第三大社交平台。原因在于，微博已经成立了7年，微信已经成立了5年，而后中国再也没有出现面向全民级的社交产品。现在人们在使用微信时会遇到很多痛点，如朋友圈信息过窄等。直播在中国为什么会火爆起来？事实上，这与当前中国的整个环境有关。90后这一代大多为独生子女，而中国当前的社交环境，如互联网电商、快递、O2O等，都为年轻人节约了大把的时间。那么就需要有新的产品来消耗时间，如视频等，这是新一代能让人们娱乐的方式。

颠覆永远存在，而且是从边缘开始颠覆。我们颠覆微信的方式不可能是聊天，而一定是与微信完全不同的，基于新一代而产生的新方式。我个人更看好视频社交，这是从年轻人群切入的模式，是有机会改变未来社交产品形态的一种方式。目前可见的直播形态是基于"颜值+网红"产生的原始商业形态，但这半年来每个行业都在试图与直播结合，特别是奥运会。

2016年8月20日上午10时，里约4×100米男子接力赛开始半个小时后，我们在全国七块户外大屏幕上同步直播。以前都是在手机上直播，而现在同时激活了户外大屏幕，这是其中的一个案例。在奥运会赛事观看途径中，来自央视等电视的转播占49％，网络转播占40％，而直播APP观看率是18.9％。这是2016年的数据，在四年后的下一届奥运会比赛中，通过移动互联网观看奥运的比例可能会提升至50％。在里约奥运会100米仰泳半决赛中，傅园慧以58秒95的当时个人最好成绩晋级决赛。在赛后采访中，她以天然生动的表情、率真幽默的表达走红网络，成为非常有名的网红——"洪荒少女"。里约奥运会比赛结束后，她通过映客直播平台进行直播，与粉丝互动。为了产生良好的效果，我们还采用了多屏联动的方式。

在"直播+企业"方面，映客也开始尝试，并有了一定的收获。在这方面，最早与映客合作的是联想，我们在联想召开新产品发布会时做了一次直播，将联想的整个传播网络都以直播的形式推出去。当天社交平台覆盖人数达两千万人，包括微信朋友圈、微博以及联想粉丝节在内的整套推广，都是通过映客直播实现的，是以直播的形式与粉丝进行互动。现在很多公司都会召开企业发布会，未来的企业发布会现场将不只通过摄像机来摄像，而且会直接通过手机直播平台与粉丝互动，这样将传播更快、影响力更广。我们还和光明网合作举办《耐撕科学姐》，通过直播将科学普及这项工作与90后的年轻人群紧密结合起来。

还有"直播+娱乐"，如《奇葩说》主持人马东通过映客做了第一档PGC（Professional Generated Content，专业生产内容）节目，抛弃了原来做综艺的方式，而是以直播的方式来做。

在"直播+电商"方面，"逻辑思维"曾经试图用直播来做电商的切入点，通过直播来卖书。还有阿里电商直播，现在天猫、淘宝都在力推这一电商模式。针对年轻人的电商直播其实存在着无限的机会。因为通过直播的方式可以互动，消费者可以随时下单购买，这是以前电视购物所无法比拟的地方。

在"直播+公益"方面，我们在邕州帮助了36名刚刚上大学的学生。他们连到学校的车费都没有，我们通过"直播+公益"的方式，让捐献更透明——我们把现金送到他们家，并线上直播，让更多人感受到真正的贫苦，看到他们家庭的生活现状。

一般人们可能会认为直播是年轻人的天下，但在我们平台上年龄最大的人已经有80岁了，她通过直播将网络文化学得非常棒，包括各种手势和网络用语，如"感谢宝宝"等。她每天都在映客直播，而且她的直播间充满了正能量，评论中没有一句骂人的话，全是"奶奶好"的礼貌问候。她常常循序渐进地教导90后，如她会鼓励留学生学成回国报效祖国。老人通过她自己的生活把其价值观传达给年青一代。

上述案例说明，直播在未来具有很大的发展空间，包括现在我们自己都在使用的直播客服。我们用户咨询量非常大，通过直播方式，一名客服可以同时回答几千人的咨询。因为大部分的咨询都是就同一问题进行的发问。此外，直播与电视台、电台的结合都在发生着"化学反应"。直播在今后一两年内可能会使很多行业发生深远的变革。我认为，直播最好能与一些大平台合作。在这方面双方尝试的成本都非常低，不用开发，也不用投技术，只要将平台内容做好，就相当于拥有一个个人电视台，只要经营500万~1000万名的有效粉丝，平台就能产生非常好的传播效果了。

李翔： 奉总列举了很多直播应用的案例，包括"洪荒少女"等。他也表达了他的"野心"，即希望直播可以成为微博和微信之后的第三代社交平台。他还发表了关于直播和映客前景的看法，认为，直播几乎可以"+"一切。下面我们有请一位点评嘉宾进行点评，以他们投资人的眼光来分析一下映客以及直播的情况。

【点评】曹毅： 直播是今年人们关注的"大浪"，正如你所说，它席卷了越来越多的场景。从原来的美女、年轻人，到现在男女老少各类人群，大家都被吸引到直播平台上来了。直播这场"仗"已经打得如火如荼，除映客外还有很多参与者和竞争者。在这个过程中，你们有没有觉得在融资和"打仗"节奏方面还不够猛烈？

奉佑生： 其实映客的融资速度非常快，当时仅3个月就完成了三轮融资。初期时，很多投资者对于这个行业看不清楚，不敢下重注，但当投资者想下重注时，我已经不能让他们再投了。在很多时候钱可以用来解决斗争问题，但是一个社交产品的崛起是无法完全靠钱来解决的。真正好的产品一定要靠强大的口碑来带动。我们投了很多广告，也是第一家投入广告的直播平台，在行业内是比较猛的，但从投资人的角度来看可能还不够激进。

【点评】林中华：我补充两个问题：第一，我认为直播模式在政策上可能会面临一些问题；第二，现在市场上有这么多家直播平台在"打仗"，如果BAT参与进来，局势会如何？

奉佑生：我认为，第一，在中国，任何一个行业的发展都与政策密切相关，但事实上现在很多企业都有强烈的自律心，自律力度甚至高于政策监管力度。为什么我们投入1000人每周7天24小时实时监管？正是基于这个原因。这一监管力度也是全国之最。第二，腾讯其实已经进入直播战场了。但我认为所谓的互联网产品，包括强大的Facebook（脸书），都会有竞争对手存在，中国也一定有这样的公司能挑战BAT，BAT之下不可能寸草不生。

【点评】林中华：目前，直播平台公认的流量都来自美女和年轻人。你提到未来将有50%的流量会来源于PGC，或是赛事和新闻直播，长期下去网红流量会不会越来越少，而主要靠电视台的红利？

奉佑生：根据我的判断，90后这一代人电视开机率会越来越低。手机是新终端，直播是一种新的传播形式。电视台的红利不一定会存在，但基于90后生活场景的变化而产生的红利会存在。视频的核心一定是内容，就其形式而言，直播和录播的PGC是两个完全不同的领域。

李翔：下一位演讲嘉宾名叫王孟秋，杭州人，是马云的老乡，曾就职于阿里、推特等公司。

王孟秋：我是一名创业新兵，借这个机会跟大家分享一下过去两年多的时间里我们所做的事情，及其背后的原因和思考。

2016年4月，我们做了一个很有意思的小硬件产品，叫Hover Camera，内部使用高通801骁龙芯片，配置1300万像素摄像头，我们在这个硬件设备上实现了很多人工智能的功能——人形人脸识别、自主定位，操作简易，随便一抛就能飞，还可360度自转。

我们公司成立于2014年3月，直到2016年整整憋了两年，没有人知道我们在做什么，这真是一种煎熬。除了芯片以外，底层平台的所有零配件都找不到现存的，从工业设计到机械结构设计，再到电机设计、旋翼设计、PC机电路板，全都需要我们自己做。我们公司现在大约有120人，听起来不少，但分到每个小团队也只有2~3人。如今，Hover Camera将正式发售，我很期待，更感激我的团队，为他们感到自豪。因为到目前为止，我们对外没有任何依赖性，其中所有的环节、所有的硬件设备、所有的研发都是团队自己做的。

2014年我刚从美国回来创业的时候，"无人机"这个词还没有像今天这样铺天盖地。但近几年来，随着互联网的飞跃发展，智能手机加上4G网络所带来的效应，事实上正是大技术浪潮对商业的技术渗透。手机和4G网络为我们带来的红利，事实上映客已经将它发挥到极致了。所以当时我就想下一波能使生活发生重大变化的科技浪潮到底会是什么？我曾经研究了十年的人工智能，但很沮丧，因为它无法进入人们的日常生活。2014年，能够走进我们生活的"机器人时代"到来了。因为有两个力量首次交叉融合在了一起，一个是人工智能算法，另一个是大数据。

机器视觉领域的有图网上面的200万张图片都是由人工标注的，其对整个计算视觉领域的推动超过任何算法。因为没有这样庞大的数据集就无法做相关研究。2010年该数据集发布时，用机器标注的图片的获胜系统精度是72%，2013年获胜系统精度为85%，2015年获胜系统精度为95%。这不仅仅是23个百分点的提升，而是一个从量变到质变的过程。

智能手机每年销售15亿台，移动互联网已经将基于这些操作系统和硬件而产生的90%的力量都发挥出来了，但它有很大的溢出价值。现在手机处理芯片的运算能力已经非常强大了。Hover Camera用的处理芯片是高通801，一年半前高通801是最好的芯片，而现在最好的芯片是820，其运算能力是801的4~5倍。

我们第一次在这么小的设备上运行人工算法，让它能够自主感知环境，与人交互。事实上，Hover Camera这一类产品目前只能算是半自主或者半人工智能。因为在某些特定场景下，它可以在人的指令下工作，但它无法做到完全自主地寻找目标、飞行、去做所有的事情。

通俗地说，我们最核心的目标就是将移动芯片的运算能力释放出来，把人工智能的算法提上去。那我们为什么选择做一件会飞的东西？在2014年，我们并不是因为看到了无人机的市场才选择去做无人机，当时是想做人们日常生活中最常出现的机器人。今天大部分人95％的时间都是在室内度过的。在室内场景中，因为我们自身的物理局限性，与我们交互的大量物体的高度都在1.5米以下，这个空间中的环境非常复杂。但是一旦腾空，在1.6米以上的环境里就简单多了，视角也完全不同。

目前，我们可见的无人机应用点是摄像机，它可以自主运动，可以替代滑轨、摇臂，还有短视频，这是新的传播视角和商业应用点。更重要的是，它在未来可以成为空中的传感器和指挥中心。我们可以想象，人类现代战争将怎么打？当然，会有炮兵、坦克在陆地上攻城拔宅，但大多数侦查都是在空中进行的。

我们80后要肩负起创新使命。现在从1到N的商业模式创新越来越少，这是一件不幸的事，但其实也是一件好事。因为无论是从实现时代的梦想，还是从整个中国经济来考虑，我们都需要从0到1的底层技术创新。我们现在也开始越来越多地进行引进来、走出去的创新。如，Hover Camera最早就是在美国发布的，我们的视频在两周之内被观看了1400万次。我们为什么不只做面向国人的产品？如果这个产品真正具有创新性，真的有意思，那么美国人同样会为它疯狂。

我最近感触很深的另外一点就是产品的重要性，把产品做好比会讲故事、会宣传重要得多。在工作中我接触了很多制造业和生产性企业，也从很多老牌日本企业里"挖"了很多人过来，从中我印象最深的是，日本公司总会将产品做到最极致。很多日本设备公司没有市场部，他们认为如果把产品做得足够好，那么根本就不需要宣传，不应该整天在外面忽悠。当然，这样做比较极端，如果我们能在两者间找到平衡点那就会更好。

我们确实应该去思考，当前市场上有多少产品禁得起消费者几年或者几十年的使用，通过积累口碑来创造它的价值？又有多少产品昙花一现，只是博取人们的好奇心？不是我愤世嫉俗，但是的确今天我们身边的产品是后者居多，而前者太少。

现在我们都认为一家企业做5~10年是一件非常恐怖的事，如果两年还没有起色就应该放弃了。但在我们父辈创业的时候，一家企业正常的生命周期是15年，毕竟有价值的产品是需要深耕的。我认为，我们80后要沉得住气，应该做出一些更有价值的东西出来。

【点评】谷安佳：美国的硅谷是科技前沿，更多的是技术创新；而中国更多的则是模式创新，如聚美优品、小红书等。我想知道你的心路历程，在中国进行0到1的创新遇到的挑战是什么？为什么要选择一条更艰难的路来走？

王孟秋：我们确实挺不容易的，在办公室住了一年多，每天去楼下健身房洗澡。从公司成立到A轮融资，我们30人的工程师团队15个月才花了不到70万美元，这在正常情况下几乎不可能，我们也是憋了一年多的时间。在这个过程中，最难的还是人才，但我们整个团队心态不错。我们都想做硬件创新，想做出一些具有核心技术的产品。

李翔：第三位发言的嘉宾是优信拍的创始人戴琨。

戴琨：今天我想分享的内容是"组织内部如何管理"。我们公司现有4500人，对于管理地推团队，我们有新的玩法和思路，叫做"快乐地疯狂地工作着"。

我们现在主要有两个平台，2010年成立优信拍，2014年又成立了优信二手车，两个平台解决了两种不同的卖车需求。如果车主需要尽快卖掉自己的车子，那么我们会为他们提供一个拍卖平台——优信拍，平台上有两万多家独立二手车经销商，他们会根据车辆情况出价，直到符合车主心理价位，双方就可以交易。在优信拍，一年大概成交30万辆汽车，而美国最大的二手车拍卖平台一年才成交四五万辆汽车。我们的目标是，到2020年每年要成交150万辆汽车。每一辆汽车从检测、仓储、物流、手续过户、翻新，我们都要负责，直到线下钱货两清，交易才算终结。2014年启动的"优信二手车"，我们给它起名叫"卖得高"，如果车不急着卖出变现，那么可以放在优信二手车网上，等2~3周时间来寻找最终的买主。

公司从2010年建立到现在，业绩高速增长。公司从创立时只有100人，到现在的4500人；2011年平台二手车成交量500台，2016年成交近

50万台；2011年公司业务仅覆盖北京一座城市，到今天已覆盖全国98个城市，这是我们在过去五年时间内所走过的历程。但随着公司的高速成长，挑战也接踵而至。4500人的团队到底应该怎么管理呢？

用KPI来管理数千人的地推团队的确很难。第一，是目标制定的不确定性。我们不知道下个月自己能做多少，这就可能出现给一线人员定高或者定低目标的情况，定低了我不愿意，定高了就会强化员工的被动性，从而弱化员工的主动性。第二，过去的实践表明，管理地推团队时用KPI很容易形成制定者与执行者之间的对立，难以培养团队的主人翁精神。我不希望破坏团队凝聚力，而希望大家能为共同的梦想一起奋斗。

2014年，我们就开始思考并着手解决这个问题。我们认为，既然二手车线下服务工作不可回避，那么用什么方式管理组织最为有效？哪种机制对激励个体的自驱力最有力、最持久？那就是赛事体育机制。赛事体育所有机制的设置都是为了激发个体自驱，奥运会的每个个体运动员不单单背负着国家的任务，而更多地背负着自己的任务，背负着他们内心中自己的理想。这些内心深处的心理要素，兴许能成为管理全国几千人的地推团队的很好方式。

从2015年开始，优信管理三千多人的地推团队主要依靠两套赛制。

第一套赛制是优信冠军联赛，这是针对优信二手车平台制定的。比赛模仿足球联赛，由全国四千多个小团队共同参与。优信没有设置区域总经理、大区总监和城市负责人，只有战队经理和战队教练。每天所有人都可以看到各个团队在整个积分榜上的排名，也可以看到具体某个团队中的明星射手和服务方面做得非常好的后卫。第二套赛制是优信争霸赛，是针对优信拍平台的，它的特色在于有个人赛制。我们把赛事体制融合到团队管理中，还使用专门的APP。每个团队、每个人都有自己的花名，可以比赛，还能知道自己的积分，这对于他们而言是真人参与的"游戏"。我们希望凭借这种模式使所有人都能积极、主动地参与进来。

我们团体赛赛事规则模仿足球比赛，采用升降级规则，有超级联赛、甲级联赛、乙级联赛三种。超级联赛的最后五名下季度会掉榜，甲级联赛的前五名会升上来。另外，还有经理人排名。全国经理人管理着自己的

"球队"，收入、成本、团队绩效都有排名，其排名跟经理人最后的收入挂钩。竞争过程要求公平。因此我们采用红、黄牌规则，对于所有的不好行为会给予红、黄牌警告。另外还有个人提成规则，超队的队员超倍拿绩效奖。

个人赛模仿的是环法自行车赛机制，即第一周起步赛，第二周爬坡赛，第三周爬坡赛，第四周冲刺赛。第一周发橙色领骑衫，第二周发斑点衫，在这过程中，队员会产生强烈的荣誉感。如果集齐四个比赛的领骑衫就可以进入公司的"大师榜"，名字被刻在公司的奖杯上。拿齐了四个赛段的冠军叫作"大满贯王"，拿了四次起步赛的冠军叫作"起步王"。这一举措就是为了提升团队的主动性，让员工自己玩"游戏"，自己升级。团队赛靠荣誉和利益驱动，因此很容易使员工产生凝聚力，使成员拥有共同的目标并为之努力。

公司在不断成长，因此我们要想尽一切办法来调动员工的积极性，增强他们的自主性。我们还需要让大家持之以恒地玩儿，比赛会累，但好玩，玩了一次之后还想玩。在优信，我们就这样用赛事体育文化来管理着三千多人的地推团队，希望所有人都快乐而疯狂地工作着。

【点评】曹毅：你们在摸索管理模式过程中有参考原型吗？

戴琨：优信是销售加服务的综合性文化，完全通过利益驱动不一定有效，因此需要多采用KPI管理，这就要使用积分管理，慢慢就衍生成了赛事体育管理模式。我们做了很多有关人力资源和团队文化的研究，但是团队文化不容易复制，只能靠自己摸索。

【点评】林中华：将一个团队的管理模式游戏化，好处就是反馈比较快。你们这种模式的反馈时间有多长？另外，最好回报与最差回报的差距有多少？

戴琨：现在的反馈时间非常短。通过积分，当天的努力就可以改变当天的排名，尤其是团队排名。超队有30支。我们仔细分析过，前10名完全是为荣誉而战，非常关心自己的排名，最后10名也有很强的激励，因为面临着淘汰，而全队的收入都将会受到影响。每个季度的最后15天采用扣牌式玩法，就是不知道自己的总排名，只知道当天的排名，这一做法在最后的时间内使队员大大地缩短了反射弧。

至于回报差距，在个人赛中每个赛季生死线下的10％都要被强制淘汰，除了这些人，好的队员能多拿50％，差的队员则少拿20％~30％，最好和最差之间大约差了一倍。

李翔： 最后一位发言人是一位90后——翎客航天的胡振宇，他做的事情在很多人看来很不可思议——做火箭，可能只有埃隆·马斯克这样的人才会去做。

胡振宇： 我2014年毕业于华南理工大学工商管理专业。我高中时就是一名狂热的炸药爱好者，我曾三年中在没有任何人支持的条件下做了13种炸药。兴趣的力量非常强大，它可以支持你在各种难以想象的困难下继续推动自己喜欢的事情。那时候我只能趁着家里没人，用身边触手可及的东西做炸药。当然，做炸药的目的并不是为了报复社会，而是为了研究原理。

上大学后，我没有空间做炸药，但我发现身边有一些做火箭的爱好者，因此我在广州自发组织各个高校的航天爱好者，组织了一个团队研制探空火箭。2011年9月，在中山大学公共电子实验室，我们用自己的生活费买了各种元器件，如铝合金管材等，并在实验室走廊里熬制最基础的燃料，花了一个月时间打造了一个设置平台，甚至拆了实验室的抽屉安装传感器来做地面测试，收集一系列发动机地面工作性能，确保下一次可以在一定的弹道范围内安全发射。但是很遗憾，在2011年12月，火箭没有升空就爆炸了。但一位校友主动联系了我，我们得到了他的支持，有了大约十万元的资金。

后来我们又做了几十次测试，越来越成熟。2013年7月，我们扛着五十多公斤的火箭到戈壁滩。那天下午应该是我人生中最激动的一刻，那是我人生中第一次成功地将自己亲手打造的一枚火箭发送至苍穹，火箭飞行距离达到4.2公里，应该是国内火箭爱好者中的最高水平。在这次试验成功之前，我们已经经历了各种失败，但失败、反复试错是做系统工程的一个高效方法。

后来，我去中科院空间所实习了一个月，所做的事仍然是研制火箭。

在这一个月的时间中，我花了很大精力做了比较简单的火箭系统的参数设计，但领导认为，有现成的为什么还要做参数设计呢？我是一名实践主义者，学到的东西必须要验证它的真实性。

2014年，我独自去深圳创建了公司，并开始寻找合伙人。幸运的是，不久我就找到了我的"手""脚"和"大脑"。"手"是一位工程师，从工程制造、设置、仿真，到加工组装、地面发射台都是他一人解决的。"大脑"是从运载火箭研究院出来的一位工程师。公司成立后不久，我们就拿到了研究院的订单，给研究院设计发动机，并开始做一系列的地面测试。当时团队中只有三个人，我们需要做热力学仿真、传热分析，并加工出来，打造测试台，做上位机、下位机等的数据分析。要想做好一个工程产品，工程师必须对每一个环节都深刻了解，这可能是体制内最欠缺的地方。这时因为体制内的设计人员、成本控制人员、工艺加工人员都有保密限制。而我们团队中的每个人都可以从设计、制造、成本角度去全面阐述一个产品。2014年年底，我们获得了A轮融资。

经过两年多的努力，2016年3月，我们终于在山东烟台拥有了自己的测试场，可以进行发动机测试、研制。测试场的整体结构由我们自己设计，测试车间、测试设备也都是自己搭建的。我们现在的团队只有不到15人，但其中一半都是国内最顶尖的工程师，他们有着一二十年的工程经验。

2015年，我们共发射了三枚探空火箭用于气象探测，飞行距离最高达到68公里。但做火箭发射的意义还远没有在地面做测试的意义大，所以2016年我们没有明确的发射计划，而是把重心放在了地面测试上。

现在，埃隆·马斯克和杰夫·贝索斯的公司已经实现了可重复运载，6000万美元的火箭飞上天，可以回收再次利用，这大大降低了整个行业的门槛，星际旅行、移民、多星球物种等以前想都不敢想的事情相信很快就能实现。

2015年年底，我在反复思考一件事，我们是做行业的参与者，还是坚持做一件5~10年内都可能无法有具体成果的事情？所以，我们整个团队改变了方针，不再去想怎样在短时间内发射火箭，而是做自己的核心技术。

通过半年多的积累，我们在2个月内进行了80次飞行器测试。在做了大量测试后，我们经常在山东龙口郊区在晚上发出130分贝的噪声，将火箭悬停起来。悬停对于我们来说远比把火箭发多高意义大。因为它具有继承性，可以用于研发更大的火箭，实现可运载火箭的回收利用。

一个航海时代不可能由一艘或两艘轮船去造就，一个或两个组织去推动。我相信，人类文明史上的每一次"大航海"，都需要很多队员参与进来、共同推动，才可能实现。因此，我希望用我一辈子的时间，一步一步将火箭事业越推越远，最终真正实现人类的太空梦想。从宇宙的角度来看，人类是无比渺小的物种，然而人类做得最伟大的事情就是冲出地球，挺进太空。

【点评】谷安佳：如果作为兴趣爱好，你的精神很可贵，但在商业上需要考虑商业模式上的价值。你如何在实现梦想的过程中在商业上也获得成功，而不只是作为一个炫酷的业余爱好来玩？你所做的这件事情真正的创新点在哪里？

胡振宇：从商业价值来看，这两年出现的商业卫星公司很多，所有商业卫星都是以组网的形式实现的。组网意味着卫星大同小异，批量发射，这对发射要求更高，因为组网卫星网与网之间的轨道距离很大。最好的解决办法是，用小火箭运载小卫星，或者火箭实现可重复利用。

创业者应如何选择合伙人？

　　对于创业公司来说，合伙人的选择至关重要。如何才能够寻找到合适的合伙人？选择合伙人又有哪些标准？当发现合伙人不再胜任时该如何取舍？在2016年亚布力青年论坛创新年会上，楚楚街创始人吕晋杰、幸福创客创始人兼CEO苏德中、马良行创始人兼首席执行官胡周斌、长甲集团执行董事赵宏阳、Lumen Labs和智能单车头盔创办人陈浩然、上海红星电子商务有限公司执行总裁车一鸣等嘉宾就此进行了深入的探讨。中诚信征信有限公司董事总经理毛赛主持了该场论坛。

毛赛：首先想请大家简单介绍一下自己的经历和公司。

吕晋杰：我是楚楚街的创始人吕晋杰，研究生毕业以后工作了一年就开始创业，到现在五年多了。我们的主要产品是移动的电商平台，几年前我们在腾讯开放平台上做了大量的应用，吸引了一亿多QQ空间的用户。这些用户基本上都是90后的小孩儿，所以楚楚街75%~80%的用户都是90后。我们希望能够将自己打造成为年轻人所喜欢的电商平台。

苏德中：大家好！我是苏德中，在英国剑桥大学读心理学博士。我们做的是心理幸福方面的事情，也有幼儿学堂专门针对儿童的心智成长。现在我们已经累积了一百多万数据，服务了千万用户。

胡周斌：我之前是在英国留学，学的是工业设计，研究生读的是摄影方面的专业。回国后，我曾在阿里天猫和美特斯邦威就职过，2013年出来自己创业，现在做的品牌叫马良行。我们做的是可以让用户自主DIY首饰珠宝，现在我们的产品全部都是使用3D打印制作完成的。

车一鸣：我在家装行业有一些积累，现在对这个行业也有一些新的认知，我希望通过创业提高行业的效率，缩短用户和品牌方之间的距离。目前正处于寻找合伙人的过程中。

赵宏阳：我毕业之后一直从事房地产相关的工作，之后和几位合伙人组建了一家资管公司，应该说我们几个人都有着共同的理想。

陈浩然：我们做的是一款智能单车头盔。我和合伙人其实是在创客比赛里认识的，我们做的都是智能头盔，没想到后来成了创业伙伴。

毛赛：各位选择合伙人的标准是什么？

吕晋杰：我创业五年来经历过三四次大的转型，但我的合伙人却一直都没有离开，大家一起面对困难。我们可以一起争论，可以持有不同的意见，但是只要一拍板，大家就会坚定不移地执行。我选择合伙人的原则是宁缺毋滥。我们定义的合伙人有两种，一种是创始人，就是一起创业的人；另一种是股东，个人股份占比比较多。合伙人应该是那种觉得公司是自己的，愿意拼了老命在你这儿干的人。

在每一轮融资中，我们都会引入一些合伙人。最早加入的几位，大家一起谈的更多的是价值观和创业理想。每个人都是为了梦想而放弃了许多

原有的成就，大家入职以前甚至都不知道自己的工资、期权是多少。他们加入之初就充分意识到了未来可能面临的风险，却敢于放弃原本比较好的工作或生活。这样招募来的合伙人，能够拥有相同的价值观，遇到困难时不离不弃。

胡周斌： 在我看来，合伙人感觉就像是两个人在谈恋爱，不过要加一个前提，那就是"以结婚为目的"的恋爱。合伙人和员工之间最大的差异是什么？就是心力的输出。正常来说，公司的创始人或者CEO总是花很多时间在做事情、想事情。最痛苦的是每天碰到一些人、一些事，很耗心力，如果这时候有人帮你分担，这个人就起到了合伙人的作用。

我们之前换了很多合伙人，是因为在创业初期我们没有想清楚合伙人到底是什么概念。我是第一次创业，工作经验也不是很丰富，所以我最早的合伙人都是学校里的好伙伴。我进入的是一个比较陌生的行业——首饰的设计与制造，与我之前的工作经历没有太大的关联。所以在选择合伙人的时候，我只能从身边的朋友入手，找到朋友圈里最牛的人，问他有没有兴趣一起干。后来有两个好朋友愿意一起干，其中的一位从17岁开始就在德国创业，到现在已经创业十几年了；另外一位在学术研究的道路上走得

非常成功，现在在读博士。然而我们一起做了半年多后，问题就出现了。因为他们两位还有自己的其他事情要做，没有办法全身心地参与，而且我们对专业性也有了一些不同的要求。现在我们对合伙人的定义是，他拥有一定的期权，能在专业领域里独当一面，并且能在核心决策讨论中发挥作用。

苏德中：我们公司还没有做得很大，所以也不敢说我们选择合伙人的方式就是正确的。我自己对选择合伙人有三个要求：第一是价值观，长远利益大于短期利益，团队利益大于个人利益。因此，在选择合伙人的时候，他怎么看待团体利益和个人利益，以及长期利益和短期利益，这些是至关重要的。第二是领导力。合伙人仅仅个人能力强是不够的，因为未来他需要管理团队。因此，他是否具有领导能力，能不能组建团队，这一点也是至关重要的。第三是执行力，有没有能落地、能执行的能力，这是我看重的。

总的来说，我们并不要求合伙人一定要是名牌大学毕业，而是要评估他的价值观与各种条件是否符合公司长期发展的需要，这是我们选择合伙人最关键的要素。

车一鸣：要寻找一个靠谱的、能同甘共苦的合伙人，最重要的还是

前面大家所说的价值观要相匹配。在企业未来的发展中，你会遇到很多困难，也会有很多地方需要妥协，只有拥有共同的价值观，大家才有可能朝着同一个目标走下去，而不是各自分头行动。

毛赛： 大家说找合伙人像是找"灵魂伴侣"。宏阳的公司已经完成了第二轮融资，你们基金的合伙人背景都不太一样，有从事金融行业的，有从事传统建筑行业的等，在这个多元化背景下，作为投资基金而言，你们希望达到的效果是什么？

赵宏阳： 我觉得金融行业的核心在于你能调动资源数量的多少，而不在于你本身拥有多少。也正是因为这个原因，大多数基金公司都是以合伙人的形式成立。我们这么多来自不同行业的人聚集在一起，一方面，这种多元化能有利于我们对市场资源的捕捉；另一方面，它也能够优化我们的风险分布。从这两个方面来讲，这是它的优势。

毛赛： 浩然的年龄比较小，属于小极客。你的合伙人是在创客节上认识的，两个人都是工科背景，同样的背景下你们两个人是如何选择对方的？而且你们是认识一年以后才决定创业的，这是为什么呢？

陈浩然： 我认识他的时候他在读MBA，我则是2015年刚本科毕业，

所以跟我比起来，他有更多的社会经验和商科背景。这是我觉得他可以作为靠谱的合伙人的原因之一。因为他可以带给我们团队不同的想法和资源。

我们在创客节认识之后，磨合了一年的时间。大家经历了很多事情，包括我们去参加更多的比赛，一起跟投资人谈判，一起做用户调查。一年之后，我们觉得已经足够了解对方了，才真正做出了创业的决定。他当时决定暂时不完成他的MBA课程，全职来做这个工作。所以对双方来讲，这都不是简单的决定，一年的时间其实已经算是短的了。

毛赛： 各位分别有几个合伙人？你们怎么跟合伙人认识的？是不是在创业之前就已经成为朋友了？朋友之间的信任会不会更有利？或者因为大家是朋友，性情过于相投反而会导致决策失误？

吕晋杰： 我们现在有六个合伙人，其中有三个人是一起创业的，后来每一轮融资就会增加一个人。当企业越做越大的时候，我们就越需要能力更强、经验更丰富的人，或者是我们会需要一些互补的、差异化的人。在早期，我倾向于选择认识多年、彼此知根知底、价值观判断比较类似的一些人，他们的能力可以不那么高。因为在企业初创的时候，也不需要经验特别丰富的人，更重要的是大家一起齐心协力，把最艰苦的阶段挨过去。所以早期我找的两个合伙人都是我认识了5~10年的同学，大家对很多问题的看法都是一致的。但是后期，我会倾向于找一些年龄比我们大五岁或者大更多的人，这样的人更有经验，资历也更强。同时我也倾向于找一些跟我性格互补的人，或者有差异性的人，这样可以让公司更多元化一些。

苏德中： 我和我的合伙人性格完全不一样，但我相信和而不同。我特别喜欢冒险，比较有想法，也比较粗心。我的合伙人是投行出身，比较细致和谨慎。我发现跟合伙人相处就跟谈恋爱一样，吵架的时候，多想想他的好，有什么想法也不要放在心里。互相信任是合伙机制中最困难、最有挑战性同时也是最重要的一环。

胡周斌： 陌生人会有很高的试错成本，在执行过程中也可能产生很多矛盾。所以在选择合伙人时从朋友切入的关键在于能够降低前期的试错成本。有人曾经问过真格基金徐小平老师一个问题："朋友适合一起做公司吗？"徐老师的回答是："我们应该把友情框在规则的牢笼里。"朋友之间的相互了解，让我们可以在很多事务上更好地推进，但是需要有很多条框、规则让我们不能越界。

因为有很多情感在里面，所以做决策时会偏向感性化，不能做到绝对理性，但是公司在执行过程中非常需要理性。我自己也遇到过类似的问题。我在阿里曾经的同事过来跟我们一起创业，我们相处半年后发现他在专业方面存在一些"瓶颈"，而且他的职位还会影响到公司的发展。但是因为他当时放弃了阿里的股权，抛弃了所有东西到上海与我一起创业，所以如果提出让他离开，我内心会很过意不去。但是过了一段时间后，这导致公司出现了很大的问题，所以2015年我找他深入地聊了一回，请他离开了公司。这个决策是整整迟了一年半才做出来的。

公司不同的发展阶段，对合伙人有着不同的要求。早期很重要的是团队执行力。因为这时候产品还不成熟，市场也还没打开，所以我们要有很强的执行力，能做快速的产品迭代，直到找到目标人群和目标市场。到了后期，进行A轮、B轮融资时则需要专业技能更强的人，未必是朋友，只要他专业能力够强，价值观符合就可以。

车一鸣：我的想法可能会不一样。在企业创立初期，公司肯定需要各种各样的人才，彼此的能力要能够互补。一个人有专业水平，你才可以跟他有合作的可能性。当他有专业能力之后，我会再观察他有没有其他能力，比如说，他跟其他人是怎么互动的，能不能跟别人正常沟通，能不能说服别人等。我们都说是以"结婚为目的的谈恋爱"的方式去找合伙人，但要明白的是，合作是相互的，如果只想他是否符合你的要求，那你可能永远也找不到合适的人。相反，如果真的从合作的角度考虑问题，选择伙伴，你可能会有意外的收获。

赵宏阳：最初以朋友的方式一起合伙时，我们确实得益于这样一种关系。我们的信任程度非常高，沟通成本非常低，或许这并不是大家成为合伙人的必要条件，但这对我们确实是有帮助。不过要说以什么样的标准来筛选合伙人，我认为大概有这三个方面值得关注。

首先，要有一个很明确的方向和目标，同时要对自己非常了解。知道自己的不足之处在哪里，才能和合伙人做清晰的工作和职责分工。

其次，在决策上要能够有效地分工。当遇到分歧性意见时，如何进行决策？因此一个好的决策机制是非常重要的。我觉得无外乎两种形式，要么是家长制，搞一言堂；要么有非常科学的分工，以科学的方式去做决策。

再次，有持续不断地互相竞争和提高的气氛。就像骑自行车一样，行进中的自行车会比静止的更容易平衡。大家不断地向一个方向提高，这对提高整个团队的凝聚力和战斗力是会有非常大的帮助的。

陈浩然：对于合伙人的特质，我觉得有两点。第一，性格不一定要非常像，有一点不同反而会更好。我有点急躁，总想把事情立刻做好，那么我的合伙人就需要把事情想清楚后才去做，这样双方就形成了互补。我会把事情往前推，他会确保我们做的事情是正确的。第二，合伙人之间要有很好的沟通机制，大家愿意把自己心里真实的想法说出来。

毛赛：我总觉得合伙人和结婚还是不太一样。因为结婚后俩人吵架，大不了一个人去客厅睡个觉，忍也就忍下来了。但是对于创办公司而言，具有争吵关系的不仅是与合伙人之间的关系，还有员工和投资人。所以

在遇到困难的时候，你们如何处理？是不是一家企业都需要有一个"家长"？你们觉得这是不是一个必要条件？

胡周斌：我和我的合伙人之间有青梅竹马的，也有通过"媒婆"介绍慢慢磨合进来的，各种状态我们都碰到过。因为我们自己有一直宣导的态度和文化，所以在内部遇到意见分歧的时候，任何的问题都必须第一时间放在台面上讨论，而一旦达成共识进入执行阶段就不允许再提任何意见。我们内部会确立相关的机制，让我们可以在决策过程中尽情地讨论，在会议室里吵得面红耳赤，但是出了会议室大家该怎么做就怎么做。

而当分歧真的无法解决的时候，因为我是创始人、大股东、CEO，所以就会由我来拍板。开放的态度是让大家有更深入的思考，但我们不能指望每个人思考的深度都是足够的。在充分讨论之后，由我来做最终的拍板，那就不是一种独裁行为，而是一种加快决策力及执行力的必要措施。

苏德中：公司一定要有一个决策者，因为经大多数人做出的决定未必是好的。作为大股东和CEO，我们拿了投资人的钱，考虑的东西就未必与合伙人完全一样。

吕晋杰：我觉得合伙人之间一定得有分歧、吵架和矛盾，"家长"也得有，二者都不能缺。如果没有吵架和分歧，你就可能会做错事情，但最后一定不能采用简单多数的原则来做决定。大家可以充分发言，但最后要有一个人来拍板。

毛赛：说到这里，我想再问一个问题，请你们各位给项目、钱和合伙人这三者按照其重要性做一个排序，并说明理由。

苏德中：项目其实就是"赛道"，就是选择去做什么，我觉得赛道是第一的。核心团队是第二位，资金排在第三位。选项目是前期最重要的事情，就算你是一个再能干的人，在错误的赛道上也做不出什么花样。其次是人，因为你选择什么赛道归根结底都会受到人的影响。钱很难找，但是总有办法找得到。如果我们手上有一大笔钱，但是选错了项目，又没有好的合伙人，那么这个钱一点价值都没有。

胡周斌：我把项目排在最后，钱排在第二。首先给项目下一个定义。很多人会说选择比努力重要，如果赛道没有选择好的话，你可能就输在起跑线上了，再怎样努力也未必会做好。但是我觉得，商业模式的定义是战术，不是绝对的战略。好的商业模式不是只有你一个人能想到，最关键的还是谁来做这件事情，以及怎么来做这件事情。钱在"怎么做"的过程中又是至关重要的，钱会决定你能找到怎样的人。所以我的排序是：合伙人、钱、项目，因为在执行过程中有很大的机会对项目进行调整。

车一鸣：如果让我排序，排在第一的是项目，就是模式的问题。模式和行业是密切相关的，如果是一个完全不懂的行业，那肯定很难产生一个很好的模式。没有模式，那就有可能找不到钱，也找不到人。假如一家大企业要转型，那么可能要先找人；但是作为初创公司，一定是先有一个很好的想法。至于人和钱，我认为这两者是并行的，可以画等号。

赵宏阳：对于成功的商业行为而言，这三者缺一不可。如果排一个先后的时间顺序的话，一开始要有好的事情才能把人聚集在一起；假如没有好的事情，大家坐在一起空谈想法，那么结局也不会特别好。所以我的排序是：好的事情、好的人，钱自然是会来的。

陈浩然：创业其实是一个不断变化的过程。我觉得人是最稳定的一个因素，只要团队是好的，项目不断在变也没关系，所以人永远在第一位。只要人好了，项目和钱都会跟着来。

苏德中：柳传志有个九字箴言：搭班子、定战略、带团队，这三句话，人占了两句，中间的战略就是项目，做什么东西。可是为什么我还是把项目放在前面？因为我确实见过一个很聪明的人因为选择了不合适的赛道，从而把事情做砸了。

吕晋杰：其实大家说的都很有道理，不过前面有个定语，那就是你做

什么样的行业，不同的行业，三者的排序一定不一样。比如说，我要做一辆电动汽车，一定是把项目放在第一。但是就我自己的创业经历而言，起码在互联网行业，钱一定是在人和事中间。为什么把事排在后面呢？因为事天天都在变，即使早期找投资人的时候把项目讲得天花乱坠，后期你的项目也会根据市场或者行业趋势的变化而有所调整。

毛赛：既然人是竞争力，那怎么体现出核心竞争力？大家提到了价值观和执行力，那么作为一个团队，你最看重的是什么？

吕晋杰：其实挺难判断的。大家都说需要这个能力、那个能力，但最核心的我觉得还是价值观，其次就是结果如何。如果你觉得所有的能力都具备，但是半年都没有结果，那也不行。

苏德中：我稍微有点不同意。在前期，如果用结果来衡量一个人的能力，那么可能有失偏颇。因为前期就是一个试错的过程，即使大家一起做，都有可能犯错。我还是强调价值观，就是重视个人利益多还是团队利益多，看重长期利益还是看重短期利益。如果符合这两个标准，在我看来，他就是值得被珍惜的人才，哪怕短时间内犯错误，都应该给予机会。

因为他的价值观跟公司长期发展的战略相匹配。

胡周斌： 我认同以最终的结果作为检验的标准，但不同阶段产出的结果是不一样的。最早期是项目的框架，第二阶段就是产品打磨成什么样，这也是结果导向。再往后就很现实了，就是数据，销售情况如何，用户有多少，这也在一定程度上反映了团队在不同阶段下的产出。

车一鸣： 我觉得是市场最终决定了你这个团队是好的还是不好的。因为无论我们有多好的团队，无论有多好的想法，如果落不了地，不被市场所接受，那么它其实也是没有用的。当然，也不一定结果不好就说明这个团队不好，因为这里面还有很多其他因素。但是好的团队一定是一个打过仗，而且是既打过胜仗，又打过败仗的团队。

赵宏阳： 团队核心价值的体现是团结、凝聚力和坚持。

陈浩然： 能体现团队核心竞争力的，我觉得还是结果。对于初创企业来说，没有那么多耐性去看长远。因为我们处于命悬一线的阶段，我们必须看结果。

毛赛： 既然大家这么看重团队，我很好奇各位在创业过程中所经历的

最大挫败是什么？这些挫败更多是天灾还是人祸？

胡周斌：人是最重要的，最大的挫败肯定也是来自人。对我而言，前期的定位不是很清晰，职责也并不是很清晰，因此没有及时把最合适的人放在合适的岗位上，让他发挥最大的作用，从而让公司快速成长。2015年对于我们来说很重要，换了三十多人。其实我们现在一共也就三四十人，通过两次洗牌，我们把之前的团队全部换掉了。

吕晋杰：有时候回过头来看自己之前所遇到的挫折，会发现有的挫折是因为自己故步自封，或者学习能力跟不上，或者是跟外界接触太少，从而思维局限。而发现自身的因素成为公司发展的最大阻碍时，这就成为我最大的挫折。

提问1：当选择了不合适的合伙人的时候，你们怎么办？刚才大家将找合伙人比喻成谈恋爱或结婚，那么必须"离婚"的时候，你们是怎么做的？

胡周斌：我比较有经验，因为已经"离"了好几次。之前，我们有三个合伙人，他们已经获得了公司的期权，但后来他们还是离开了。在这个过程中，其实没有一个绝对的对与错的问题，而是是否合适的问题。如果我们觉得不合适，我们就会把自己的想法告诉他，看他是否接受。这时候，我也会给时间让他调整一下状态，让他有时间和空间进行思考。我会把明确的结果告诉他，说明会对他的岗位和职责内容进行调整；但如果他接受不了，那就只能请他离开。

吕晋杰：创业允许"一夫多妻"，如果价值观符合，只是能力跟不上的话，是不需要"离婚"的，只需要降低职位，给他足够的时间学习，总有一天他能成长起来。即使成长不起来，也可以让他只负责相对比较小的一块业务。但如果是价值观不一致，那么能早一天"离婚"就早一天"离婚，不然会出问题。

商业模式=盈利模式

如今是大众创业、万众创新的时代，非常多的公司规模和用户量在不断扩大，但他们烧的钱也在增加。这让我们想到一个问题，这些公司是否能找到了自己的盈利模式，他们能否为股东创造了价值？商业模式是否等同于盈利模式？

在2016年亚布力青年论坛创新年会上，星瀚资本创始合伙人杨歌、零零无限科技创始人王孟秋、回家吃饭创始人兼CEO唐万里、Procyon Ventures创始合伙人Millie Liu、天脉聚源首席运营官林毅就上述问题进行了讨论。IDG资本投资人王琛主持了该场讨论。

王琛： 我们邀请了五位嘉宾，首先请各位简单介绍一下自己。

杨歌： 我是星瀚资本创始合伙人杨歌。我们是一家专业的投资公司，主要投资产业升级领域，包括工业升级，TMT的早、中期项目。

王孟秋： 我是零零无限的创始人王孟秋。最近我们发布了一款耗时两年研发出来的产品Hover Camera，是一个便携、安全、能简易操作的飞行相机，也就是无人机。

唐万里： 我是"回家吃饭"的创始人兼CEO唐万里。我们是一个美食共享平台，做的事情主要是鼓励大叔、大妈和手艺人为漂在城市中的年轻人做饭，鼓励大家去邻居家做饭，也鼓励邻居为大家做饭。

Millie Liu： 我是Millie Liu。2014年，我在波士顿建立了创投公司Procyon Ventures，我们主要投资科技项目，尤其是深科技为主的项目，关注人工智能、精准医疗等领域。此外，我们也关注数据驱动，在过去的两年时间里，产生了全世界 90% 的数据，很多行业都可以通过这些数据提高效率。

林毅：我是林毅。天脉聚源是一家做云电视的公司，我们做的是云计算数据中心碎片化的检索、标签，使电视能像Google、百度一样快速搜索。同时，我们也做新媒体运营。例如，安徽卫视全台的新媒体运营，摇一摇、发红包、电视互动节目等都与我们公司的平台联结，此外合作的客户还包括北京电视台、中央电视台五套等，所以我们也是一家电视新媒体公司。

王琛：五位嘉宾的背景各不相同，既有投资人，也有创业者，创业者中有做新媒体数据的，也有做智能硬件的，还有做O2O相关领域的，他们每个人对商业模式和盈利模式的理解都不太一样，所以先请每位嘉宾简单讲一讲自己公司的商业模式。请大家首先来回答这样几个问题：第一，你的公司盈利了吗？第二，你的公司是否有收入？然后再简单讲一讲您对您的公司，以及您投资的公司的商业模式的理解。

王孟秋：首先，我的公司还没有盈利。我们已经做了两年，产品也快发布了，希望能有比较好的营收状况。我们做的是智能硬件、无人机，我

想分享一下硬件行业的一些挑战和商业模式的困难。首先，在今天这个时代，做纯硬件的创业基本上是死路一条，就算找到了之前没有被满足的用户需求，你花大量的时间去做产品、去"教育"市场，而一旦这个市场被"教育"成功，大家确实发现有市场空白之后，瞬间就会变成"红海"，进入价格战，大家除了拼价格也没有什么创新点，所以很难挣到钱。

我觉得，在智能硬件方面有机会的都是将硬件与软件深度结合的，其实这个行业最大的挑战就是系统集成的问题。要在市面上现有的技术，或现有的点上做突破，变成产品推向市场，这对小公司来说是一个挑战。其实我们的产品不会像智能手机一样变成每个人都用的必需品，移动互联网或者智能手机这样的产品可以说是十年一遇，他们颠覆了互联网行业，对我们的生活产生了很深刻的影响。但大部分硬件创业公司，例如无人机领域做得最大的大疆，包括一些手环公司等，都是单一场景公司，生命周期也很短，因为这些设备会满足一部分人的需要，而采购这些设备的人，对这些东西感兴趣也只是在好奇心的驱动下，并不会有重复购买的行为。一旦消费者的好奇心被耗尽，这类产品的生命周期也就走到了尽头。

硬件行业与游戏行业、娱乐行业一样，都是利益驱动下的行业，这意味着你挖空心思制作的一款产品，可能在大部分时间内适用，但之后就要重新再来，沉淀是有的，但还有非常大的挑战。所以不管是智能硬件还是硬件，真正长久活下去的公司，他们的基因中要有非常强的科技创新能力，而不仅仅只是找到市场需求，拼凑出一款产品。

硬件有非常神奇、美妙的地方——就是它的商业模式很简单。举例来说，两三年前，卡西欧推出了一款所谓的自拍神器T230，很多女孩子都爱用。这款产品在中国做了很长时间的营销，一机难求，在美国都很难买到，在中国被"黄牛"卖到一万元一台，即使现在淘宝上的售价也接近一千美元，相当疯狂。四年时间里，他们在全球卖了五百多万台，仅这一款机器就获得了50亿美元的营收。即便现在没有太多的人在使用了，这款机器一年还是会出厂40万台，仍然是一千美元一台，这是一笔很可观的营收。

王琛：我和小米联合创始人谈过一次，他说其他的硬件公司在卖出一台手机之后，它的销售行为就结束了，而小米的手机卖出去后，才是它跟用户接触的开始。我觉得这可能就回到了你刚才所说的问题，为什么硬件薄利，因为很多传统公司是一锤子买卖，他们需要一次性把钱赚回来，现在新的硬件生态跟原来有点不一样，有新的消费模式出来。

王孟秋： 其实现在这种消费模式，不管是生态圈还是通过软件提供一个持续的、附加的价值，确实都给大家提供了很大的想象空间。其实我们还是不理解，如何能够持续地通过软件获得跟硬件同样的营收，最好的例子就是OPPO、vivo这类品牌，它们加起来的市场份额超过了小米，他们的毛利极高，在海外的营收非常好。也正是因为他们有很高的毛利，所以他们的硬件免费，可以靠软件提供增值服务。如果我是马来西亚的经销商，你给我10%的毛利，他给我40%的毛利，那么虽然他的东西贵一点，但是我玩命地卖，因为这样会挣得更多。我觉得小米是一个非常有情怀的公司，它给了我们很多新理念和想象空间，也希望他们能找到更好的模式，很期待他们接下来有新动作。

杨歌： 星瀚资本成立不到两年的时间，已经投资了20个项目，这些项目里有一半以上能走到下一轮，甚至再下一轮。在寻找项目的时候，我们既需要它有稳定的现金流，又要有爆发力，其实这两者是矛盾的事情，

但是我们尽量在市场上寻找这样的企业，这也是我们在市场上做得不错的原因。

从投资的项目来讲，我们涉及的行业很多。2015年，我们主要投资的是消费升级和产业升级，例如音乐制作、农业等，我们也同样在布局奢侈品行业、餐饮行业，希望之后能从O2O产品转到产业升级的方向。我们公司的投资理念就是这个企业的现金流不错，对行业有很深的认知，并且有不错的爆发力。

再说一说我们的运营理念。其实我们还是有别于其他VC公司的。对我们来讲，最大的特点就是一家具有典型TMT特点的VC公司。TMT这三个字母大家都很熟悉。第一个T是数据化手段。这两年产生了非常多的数据，我们公司非常重视数据和数据整理，精练的数据库有三十多个，每个数据库都会整理得非常仔细，包括：创始人是谁，背景是什么，评级是什么，主观观点和客观观点是什么，归属哪个行业等，我们把这些东西打成标签，纳入数据库，这就是我们的项目。我们的资源也一样，与什么样的资源进行合作，有什么诉求，在什么地方可以合作等。像大数据一样，把数据进行归类、标签化，所有内容进入数据库之后就像API（Application Programming Interface，应用程序编程接口）一样每天开放一个接口。下一步我们来考虑怎么动用这个资源，这是数据化这个T带给我们的特点。

接下来的M是Midea，不想当网红的投资人不是好的创业者。对于VC来讲，尤其是早、中期VC，掌握更多的资源，扩张自己的影响力是很重要的职责，所以我们在M上也下了很大的工夫，取得了一定的成绩。

第三个T是通信。现在跟我们合作的企业有近400家，像36氪、小饭桌、华兴，以及一些传统媒体、互联网媒体、新媒体、平台机构以及孵化器机构等，通过通信方式，我们展开了极致的交流。

TMT的做法在人工智能、智能化行业、传统互联网行业和O2O行业都可以用，所以也能够在VC行业里用。目前，我们用的还不错，这是我们的运行理念。

王琛： 大部分投资人很关注用户数和现金流，星瀚资本为什么这么早期就看中企业的现金流，而且很多现金流是正的，是怎么做到的呢？

杨歌： 这跟我们的投资理念相关，也跟宏观经济的状态相关。2013年、2014年，关注现金流的比例没有现在大。不得不承认，现在TMT玩法的兴起使传统产业的优势在下降，互联网在改变迭代传统行业。从我们的角度来说，即使企业没有现金流，但它有现金流的意识，能够告诉我现金流的获取方式，获取时间是一年还是一年半等，我们也会帮忙梳理和判断。如果我们判断这个趋势是对的，那么我们也会投资。

上面提到有一半以上的企业具有现金流，准确来说是有1/4的企业原本就有，另外不到一半的企业，其现金流都是在我们投资之后逐渐产生的。我们认可它最开始的商业思路，我觉得这也非常重要。

王琛： 最近有一个特别敏感的词语是O2O。一年前，O2O还是一个热词，但最近大家听到O2O就会想到烧钱，想到不可持续，所以下面这个问题是抛给唐万里的，"回家吃饭"在一段时间里是在座各位创业者的企业中是发展最快的，今日资本连投两轮，请问您怎么看待盈利模式和现金流的问题？

唐万里： 目前"回家吃饭"有收入，而且收入还不错，但是我们还没

有做到有正的利润。我有以下三个观点。

第一个观点，从商业模式到盈利模式是挺难的，尤其是平台性的公司。创业者之中流传着这样一句话："花钱像拉稀一样快，赚钱像吃屎一样难。"我们回头看一些有历史的公司，像今天亚马逊这样伟大的公司，也是创立20年之后才产生利润；京东这样市值几百亿元的公司，到今天还没有利润；淘宝也是经历了漫长的阶段后，才开始有了收入和利润。从商业模型到盈利模式非常难，但是即使再难，也还是有很多公司做到了。这也是为什么需要VC、投资者的原因，创业者的一些颠覆性想法如果一开始就可以赚钱，那么就不需要VC了。

第二个观点，我觉得一个创业者带了几百号人，甚至上千号人一起奋斗，但如果不赚钱，我觉得是不对的，而且从某种意义上说是不道德的，商业上不赚钱是行不通的。

基于前面两点推至第三点：什么时候开始赚钱？有时候，很多平台性的公司投入时间会挺长，所以一开始创业者就要知道你为什么能赚钱？你凭什么能赚钱？你创造了什么样的价值？假如说"回家吃饭"这样平台性的公司是在打造一个森林的生态，如果你只是想成为一棵树，或者是成为果子的话，你可能会失去这片森林。所以平台性公司的创业者需要极大的心力和耐力来看待自己最本质的东西：你有没有为社会创造价值？你能不能解决社会上存在的问题？你解决了多大的社会问题？这些也决定了你最后能获取多大的财富。从某个阶段开始，你觉得你创造的价值可以有回报了，你才能要这个回报，这才是极其完整的生态。

王琛：接下来有请Millie Liu。您在美国投了很多B2B的公司，现在想听听您的看法。

Millie Liu：主持人提出的问题，我从两个方面来讲：一方面是为什么要投B2B领域，另一方面是B2B企业都有什么样的商业模式。从投资的角度来讲，B2B的盈利模式非常明确，我们投资的大部分公司从投资第一天开始就有客户，甚至有客户说现在没有产品没关系，只要你能解决我的问题，我就愿意埋单。我们投资的企业，一般都不是中小型公司，而是大型企业，比如财富一千强的公司，所以我们的逻辑非常明确，你能给客户带

来什么价值，解决什么问题，对他来说就值多少钱，他愿意反馈多少，你解决的这个问题有多大的延展性等，即这个行业或其他行业里是否还会有其他客户。

另外，我们也非常看重公司的技术壁垒。对于一些公司，即使它没有非常明确的现金流，但如果它在某些技术领域有非常深的积累，而且在这个领域内在世界范围绝对领先，并且可以明显看到这个领域以后会有很大的成长空间，我们也会选择投资。因为从投资的角度来讲，它的退出机制和投资回报率有一定的保证。

VC也是一样，我们不喜欢干体力活。比如深度学习或人工智能是未来的一个趋势，但可以被称为"世界级的人工智能团队"在中国也只有小几十个，在美国可能也就有几百个，并没有那么多。很多创业公司都说自己用机器学习或者人工智能，而在我们看来都是非常不可信的，或者未必能够达到我们的标准。

最后就是退出机制。其实B2B的退出机制很明确，大部分是通过并购退出。在美国，大公司非常乐意收购，但在中国市场，这方面还是差一些。现在我们看到很多初创企业一开始就设置了被收购的退出机制，这对我们VC来讲是非常好的。

从回报率来看，过去几年，在美国，B2C和B2B的资本投入和产出比是1：33，也就是说如果在B2C领域投入1元钱，平均能产出3元钱的话，同样的钱投入B2B领域，平均会产生99元钱。所以从资本的投入产出比来讲，B2B企业，尤其是有高技术壁垒的B2B企业对我们来讲更合理。

至于B2B企业有什么样的商业模式，其实玩不出什么花样了，主要有几大块，国内最近比较热的B2B就是SaaS，即我给你提供软件，向你收取一定的费用。这种模式具有非常高的可持续性，一旦获得客户之后，后面就会有很稳定、很持续的现金流。

除了SaaS模式之外，还有一些相对比较传统的模式。比如，一次签订两三年的合同，到第三年的时候再来重新评估是否继续使用你的服务，这也是比较常见的一种模式。另外在我们投资的领域里，我们也投B2B的硬件，通常是传感器。比如在我们投过的企业里，有两家硬件公司，一家之前为美国空军无人战斗机做3D雷达技术，现在他们要做民用化，这样的硬件在民用领域的技术壁垒非常高；另一家公司是MIT的实验室，也是美国国防部做的能源节能的一个产品，民用化之后在能源领域也是高壁垒硬件。我认为，在B2B的领域里真的没有太多的商业模式，更多的还是要为客户提供价值。

王琛：下面有请林总谈谈商业模式和B2B公司在商业模式方面的指标。

林毅：第一，回答第一个问题，我们有收入，而且收入过亿。第二，我们有利润，所以站在巨人的肩膀上融资也是以亿来计算的。我们也有用户，用户日访问量在千万级。第三，我们很荣幸，企业做了六年，活下来了。

前面谈了很多商业模式，我就不再重复了。我想谈谈商业模式的测量，就是你应该从什么角度看商业模式，用什么指标或者相关指标来评价你的商业模式好不好。我编了三个词：流水、流量、流程。

第一，说一千道一万，如果公司没有流水就很难成为一个创业企业和创新企业。你可以亏损，但没有流水就很难了。第二，流量。假如实在没流水得有流量。流量是什么？就是用户会来访问你，会使用你的东西。

前面很多嘉宾说到要给用户带来价值，如果用户都不用，那你还能给用户带来什么价值？所以前提是要有流量。第三，商业模式想成功还要涉及流程。最近有一些风潮，说企业不要搞流程，不要搞ERP（Enterprise Resource Planning，企业资源计划），要去管理，去中心化。这当然有一定的道理，但有点过头。这几个月风潮又转了回来，大家说华为很可爱，谈制度化等。

我自己在五家以上的财富500强企业工作过，其中包括美国、日本、韩国的企业。据我观察，完全去掉流程是不可能的，一个公司没章法是不可以的，再创新的团队脱离了规则也不行。我们非常感谢有机会、有流水、又有流量，正是因为我们还有一点点章法，我们也启动了踏踏实实的员工激励计划，只要你评分合格，只要你待的年头长，你的薪水就会随着滚动。不是股权激励，也不是非常完整的股票期权机制，而是很简朴的"养老金计划"，这确实可以调动大量员工的积极性。你要搞出流水，搞不出流水要搞出流量，这些都有了之后再有点流程，基本上什么商业模式都能落地了。

王琛：下面我要抛出两个比较尖锐的问题给两位还没有盈利的创业

者：第一，你觉得为什么要烧钱？第二，对你们的公司来讲，什么时候才应该盈利或者可以盈利呢？

王孟秋：我先区别一下"烧钱"和"花钱"这两个概念。过去两年，我们都在花钱，但我们从来没有烧过钱，我们很节省，省到让我们的投资人都觉得心疼的地步。我们从事的行业有一些特殊性，和商业模式的创新不同。商业模式创新可能是要拉一个班子起来，一两个月的时间就会有一个产品上线，就可以开始开拓消费者了，但做新技术的研发需要一个周期。

当你要做别人没做过的事情时，真的和打着手电爬山一样。我举个最简单的例子。在做Hover Camera时，我们逃不过电路板，哪怕是很简单的电路板，它每次的迭代都需要半个月，而真正迭代到可以应用一般需要五次，这可能就要花掉七个月的时间。所以需要强调的是我们是花钱而不是烧钱。这要感谢整个时代创造的机会，像我们这样的项目，如果是2012年之前肯定没有机会。因为对我们来说，需要募到钱才有机会，而不是在车库里随便搞一下就能搞出来的东西。

我身边有很多朋友在创业，我也看到了他们公司的运作方式，包括他们对现金流的把控，对公司财务的规划等。对此，其实我很担心，因为有很多东西在我看来都是幻觉，或许你觉得可以一直这么走下去，但其实不是的。再看硬件行业，有很多产品可能本身做得不错，但当它推向市场的时候，售价基本上只在成本价上增加了10%或15%的毛利。因为在他们看来，产品可以通过自己的网站销售，基本上是零成本。企业会觉得这是一个可持续的商业模式，但实际上不是。因为如果要把东西铺到大街小巷，让所有人买的话，一定要跟渠道合作，不管是线上还是线下，要在营销和宣传上花大工夫。做这些当然是为了未来活得更好，很多人看得太浅，就会很快撞墙。在其他行业，尤其是互联网行业，这种状况就更多了。

唐万里：首先，我们这些人有机会创业要感谢这个时代，让我们有改变世界、改变生活方式的狂热想法，并且有机会去实现它。

其次，创业者要有敬畏之心。比如，我们花了几个亿的钱，但这些钱不是我们的，是投资者的，是社会的，所以我们要让这些钱真正按照我们当时的想法把能真正改变生活方式的事情做出来。

再次，如果是平台型的公司，如果是新的事物，想要被人接受就要培养习惯。如果花的钱培养不了习惯，那这个钱就被浪费了，所以首先是要把新的消费习惯和新的生活方式培养起来。而且仅仅培养起来还不够，还要培养出一定的规模。如果花的钱能换成规模，让更多人接受你的服务，那就是值得的。我们需要有效率的花钱，这在专业术语上叫有留存，有频次。比如，目前"回家吃饭"的用户月度留存次有40%以上，以前他不知道可以去邻居家吃饭，知道了之后，他一个月可以去5次，多的可以去几十次，相当于一个月都不做饭，都去别人家吃饭。

我们希望通过花钱来培养平台，慢慢推动这种方式的前进。因为我们最大的判断是，未来的年轻人是不想做饭的，是不会做饭的，没有时间做饭的人数比例会非常高。现在北京的年轻人平均每天要花三个小时在路上，八个小时在工作上，很难有时间做饭。但一些退休的大叔、大妈或一些赋闲在家的人，有大把的时间来做饭，因此"回家吃饭"就提供了这样一个平台，赋闲在家的人可以做饭让上班的邻居来吃。通过推广，我们让大家都慢慢有兴趣参与进来，让他们接受这样一个现象，从而推动生活方式的前进。这是一件对社会有帮助、对社会有效率、对社会资源再利用的有利的事情。

现在越来越多的年轻人聚集在大城市，以往解决吃饭问题可能要建更多的餐馆，在某种程度上，不能很好地利用资源也是一种浪费。我们已经建了那么多房子，房子里有那么多厨房，那么在家做饭就可以了。所以在花钱的问题上，我觉得应该有基本的两点：第一，花钱可以培养习惯；第二，花钱可以培养规模。如果这两点成立，那么我觉得很多创业者，尤其是一些新事物的创新者要有勇气和魄力来推动这件事情发生，不然就不会有滴滴、Uber和Airbnb。

Millie Liu：钱花了一定要看它给你带来了什么样的竞争优势和提高了什么壁垒，最终要回到变现这一块。从SaaS的角度来说，就是要有一定的KPI，即你获取一位客户要付出的成本，以及这位客户给你带来的长期的价值。如果这个比例超过1：3的话，那么在B2B行业就可以操作了。

我觉得，因为B2B领域的很多东西更加清晰，所以你可以很明确地算出以后可以推出什么新产品，以及更好的产品，或是增加客户的使用量来增加后续的现金流收入。B2C领域相对需要一些想象空间，所以会困难一点。

王琛：刚才万里和孟秋都讲到很感谢这个时代有投资人的支持，才能让他们有机会尝试很多以前创业者没机会尝试的项目。我想问一下杨歌，你觉得在早期投资中，你愿意去赌什么样的创业者给他尝试的机会？

杨歌：对于具体选择哪个领域去投资，我们非常开放，从产业升级、消费升级，到生物制药、大健康，我们都会关注，但重要的是这个创始团队本身必须具备聚势的能力。

什么样的企业是好的企业？它的商业模式和盈利模式怎么联动？我们有一套衡量企业的指标：第一，他关注的用户有多少；第二，GMV（Gross Merchandise Volume，商品交易总额），即成交量有多少；第三，估值有多少。

在互联网跳出来"捣乱"之前，这三点是线性相关的。原来，有客户就有一定的流水，公司的估值就会往上走。无论用现金流量法还是财务方法评估，大体上是相关性比较强的状态。而当互联网出现之后，这三个点之间的相关性开始减弱，聚势成为很重要的一个指标，然后开始聚资本、资源、人力和技术。而且人们发现，互联网这个工具特别适合聚势，于是我们在没有想通自己的商业模式之前，就先把势聚起来了，然后再迭代商业模式。

在传统互联网阶段，人们运用互联网只是简简单单地收集用户，用非常简单的办法，比如搜索、即时通讯、杀毒软件，这些都是比较廉价的获取用户的方式。第二阶段出现了"互联网+"，有了O2O。O2O聚势的能力和获取客户的单位成本在提高。第三阶段是互联网智能化。我们发现懂得智能化方法的人变少了，懂硬件应用的人减少了，聚势的能力减弱了。如果我们还活在互联网的惯性思维下，仍然想用互联网工具聚势之后，再去想商业模式的本质，这就错了。到今天，互联网的福利大部分用完了。

现在我们为什么要回过头去关注传统行业？那是因为互联网变成了工具，而不再是能单独拿出来做创业聚势了。如果再用互联网来单独聚势的话，那么投资的风险会比前5年大很多。这是我对互联网商业模式和盈利模式之间关系的理解。

王琛：其实盈利模式、商业模式来来回回就那么几种，但是即使理解了什么是商业模式，还是有些公司赚钱，有些公司赔钱；有些公司赚得多，有些公司赚得少。大家觉得你们各自行业的核心竞争力在哪儿？哪些公司是能长期赚钱的公司？

林毅：商业模式不等同于盈利模式，好多东西会直接影响商业模式能不能落地。落地了，把东西执行好了，错的商业模式都可以成为盈利模式。

Millie Liu：我认为主要有三点。第一，你解决的问题有没有价值。在整个市场相对比较热的时候，很多公司都在解决伪命题。当你问潜在客户是否愿意使用某一个产品的时候，他或许会说愿意，但是他愿不愿意付钱使用就很难讲了。第二，你解决的问题的市场有多大。如果这个问题是有价值的，可是其他公司或客户都没有这种需求，那也不可能有发展和盈利的空间。第三，你的壁垒在哪里。我确定我做的事情有价值，而且这个市场足够大，可是谁能做？是只有你能做，还是谁都能做？所以我们也要看自己的核心竞争优势在哪里，自己的技术壁垒在哪里。我觉得这是衡量一个公司能不能成为优秀公司，能不能给投资人带来回报的一个相对理性和明确的判断标准。

唐万里：一般讲到商业模式和盈利模式，VC会讲数据，创业者往往想创造价值，但只有真正成功的创业者才会既讲数据又讲价值。所以如果你认定你创造的东西是被接受的，而且以后是可以规模化的，就可以大胆地尝试和推动，不要在乎时间的长短。因为再伟大的企业也不过300年，而且他们中间也一定会走向灭亡，一定会有新的替代旧的。

杨歌：我们之所以提商业模式和盈利模式之间的差距，也是这两年互联网导致的。我们最重要的就是要延展X+Y的模式，X是传统行业，在传统行业里希望企业能有比较高的壁垒、足够的差异化优势和明显的护城河；Y是具有互联网思维和商业化金融思维，借助这些思维不断扩大自己的市场影响、媒体影响和资本运作能力。企业很难拿现金流来做拓展，那么对企业来说，当X这部分被验证是比较优秀的时候，就应该加Y，用资本商业方式来不断复制自己的成功经验，这样的企业我认为是比较好的企业。

王孟秋：我不得不再解释一下，我们不是只做硬件的公司，我们做的其实是会飞的传感器，其最本质的目的是捕捉这个世界本身埋藏的一些信息。在我眼里，Google是一家很好的公司，他们自己聊得最多的是管理模式、文化和创新，他们永远不提哪个生意更挣钱。为什么？因为它本身就是我们获取最新信息的渠道。今天人类在以前所未有的速度记录我们的历史，每部手机拍的每张照片都在记录世界的每一个瞬间。我们生活的物理空间是3D的，但过去我们接触的媒介都是2D的，这其实是不合理的，也正是我们的生存机会和空间。

王琛：最后一个问题，全球范围内你最喜欢的机构和商业模式是什么？为什么？

王孟秋：如果有机会竞争的话，我们很想跟三家公司还有一个人竞

争。因为他们都做了一些对人类有意义的事情，无论是人工智能还是空间技术。第一家是Google；第二家是M-Zone，它在做可回收的火箭；第三家是Facebook，我们希望与之竞争的那个人是马斯克。这些公司是真正会驱动下一拨大技术革新的公司，像互联网一样，给人类带来一个新的红利。

杨歌：我认为是马斯克的特斯拉、苹果和Google。为什么？因为现在中国的市场环境还不太一样，中国是以消费购买力驱动的大众市场，而美国是高端科技B2B驱动的市场，这之间存在着很大的区别。我们希望中国能迭代到这一天，也希望中国的CEO们有特别强的技术能力，所以很向往这些公司。这些公司的特点是以科技创新为导向，有着非常强的运营理念，在这一点上中国很多企业还有待于提高。

唐万里：阿里是我很向往的一家公司，它对我的影响很大，也是我的"老东家"。阿里具有很强的使命感，那就是帮助很多人在家里就业。比如淘宝改变了一代人的生活方式，推动了网络消费在中国的发展。未来，这个公司还会有更大的作为。另外一家公司是Airbnb，这家公司让人住得有情怀，住得不一样。我希望未来有一天"回家吃饭"能成为大家喜欢的公司。

Millie Liu：我觉得是Google，原因有两个。一是Google的商业模式。我们最喜欢的就是做数据和数据分析，数据一旦有网络效应或是形成自己的"护城河"，产品稍微打包一下就可以卖给不同的人，也就是说同一个产品可以挣好几份钱，这是我们觉得很轻但是又非常盈利的一个模式。二是Google本身的创新基因。很多人觉得大公司不是很擅长创新，但Google是一个反例，尤其在深度学习、机器学习上，它不但创新，而且还开源，这就相当于建立一个生态系统，让所有人受益。

林毅： 在我听大家陈述的过程中，我有一个巨大的隐忧，就是答案如此一致。那么是不是这些企业确实很伟大，还是我们被大面积洗脑了？通过一个品牌就可以赚取巨额利润的LV、GUCCI怎么没人提到？让人们非常喜欢的宜家怎么没人提到？索尼公司及其产品大家也很喜欢，他们用了很多机器人，设计了很多精密仪器，还有摄像头的供货商一半以上都是日本制造企业，这些都没有被大家提到。

如果问我尊敬哪家公司？我觉得有一个组织，就是Linux。天下代码一大抄，你必须要感谢Linux组织制定的GPL（General Public License，GNU通用公共授权）许可，包括安卓、iOS都是它的变形。作为一名具有30年资质的"程序员"，我对它很尊敬。

打造"中国式"共享经济

　　共享经济已发生、并还将发生在哪些领域？共享经济在这些领域中的模式有哪些？共享经济不仅是商业模式，它还将如何塑造我们的价值观和观念？

　　在2016年亚布力青年论坛创新年会上，果壳网在行联合创始人曾进、51Talk无忧英语联合创始人兼首席运营官张礼明、小猪短租联合创始人王连涛、ETCP停车COO白惠源、"回家吃饭"创始人兼CEO唐万里、"衣二三"创始人CEO 刘梦媛就上述问题进行了深入探讨。赛富亚洲投资基金首席合伙人阎焱作为点评嘉宾亦参与了此次讨论，亚布力论坛特邀研究员、北大市场与网络经济研究中心研究员兼主任助理陈永伟主持了该场对话。

　　陈永伟：分享经济是这两年最火热的概念之一，但是作为研究者，我觉得这是一个令人困惑的概念。我曾经指导学生写过一篇主题为"分享经济的管制"的论文，首先要定义分享经济的概念，结果学生找到了几十种不同的概念，最后把论文的主题改成了概念辨析。举这个例子是想说明"分享经济"这个词很热，但对于其概念，每个人都有不同的理解。所以想先请各位嘉宾根据自己的行业来谈一谈分享经济的概念。

　　曾进：我个人觉得分享经济更像协同消费，理念上来说有四点共性：第一点是人；第二点是闲置的物品和资源；第三点是平台，在移动互联网时代平台最为重要，可以将这些闲置的物品资源进行撮合；第四点是收益，从平台到个体以及供需双方都需要收益。果壳网在行作为一个"人口

贩子"平台，针对有需求的消费者进行撮合，过去一年中将一百多万用户连接了起来，体现的也是"人、闲暇、需求、收益"这四点。

张礼明： 分享经济无非便是"分享"和"经济"这两个词，分享是谁通过怎样的方式分享什么东西，最终是经济领域的概念。51Talk做的是分享优质教师资源，让中国的用户能更多地享受到外教的资源。我们是符合分享经济的要素的，让外教们利用自己的闲暇时间分享认知盈余，也使得更多的学生在刚需的前提下形成大的经济规模。在线英语在未来几年内的增长率仍会很高，很可能达到1600亿元的市场规模。

王连涛： 小猪短租做的是房子的分享，希望每个人将自己的房子分享出来，租住的时间从一天到一年不等。在分享服务的时候，原有的生产关系、生产力都被重新打破，形成新的组织形式。比如，原来无法参与到住宿市场的个人可以通过这样的平台形成新的网络和组织结构，大家用自己的闲置房产参与到市场中，便是我们从自身角度看到的分享经济的表现形式。

白惠源： 分享经济是新生的事物，它是基于互联网、移动互联网、移动支付、LBS（Location Based Service，基于位置的服务）、云计算、大数据等技术的发展才出现的，是在互联网时代高速发展出的一个新经济形态。其实共享经济无外乎几种大的形式：知识分享、时间分享、资产分享，以及互联网时代盛行的资本分享。

我们做ETCP停车是希望打造"时间分享+劳动力分享+资产分享"的新模式，让物业可以愉快地管车，业主可以愉快地用车。目前我们遇到的是停车难、停车贵的问题，并且难以解决。所以我们用智能化的软硬件来对停车市场进行改造升级，目前已经签约了3500家停车场，完成了1500家的智能升级，让车主在寻找停车场和车位的时候能更加顺畅，包括在停车的时候不用找零钱，可以快速通行。同时我们还希望通过场景化的方式来完成劳动力分享。比如，利用闲散的劳动力如保安在车场内帮助车主洗车，这是我们目前做的一些小尝试。

唐万里：目前，"回家吃饭"致力于打造一个家庭厨房与家庭美食分享的平台。举个例子来讲，王连涛的一套房子只真正使用了一间，我们去住他空置的房间便是"小猪短租"。如果他太太厨艺不错，给我们做饭吃，便是"回家吃饭"。王连涛去分享自己的经历便是在进行这样的知识分享。这几件事情的共同点就是利用而不是制造，分享经济的核心也在于闲置资源的再度利用而不是制造，从而提高社会资源的配置效率。

刘梦媛："衣二三"是女性服装月租APP，它能够覆盖国内25个城市的都市白领女性，给她们提供会员制月租平台。从我个人的理解来看，分享经济不仅仅是资源的重新分配和协同，更是品质的升级和文明的提升。以"衣二三"为例，以前女生们想买一件衣服的时候，如果资金充裕，很可能会购买名牌衣服。但如果资金短缺，只能买一些无品牌的衣服，或者品质没有那么高的衣服。同时，还很可能出现滥买的情况，让家里堆积了非常多的闲置服装。"衣二三"不仅仅是把资源重新分配，我们采用B2C模式，上游联合各种各样的优质国内时装品牌，下游对我们的会员用户开放。我们发现女性在频繁使用"衣二三"后，她们对自己的着装更在意了，对自己的风格有了更多的探索，对衣服的品质也有了更高的要求。所以在不知不觉的过程中，"衣二三"的用户会更加在意自己的形象，更加在意今天她所去的这个场景着装是否得体，会更在意别人看她的目光，同时还会在意衣服的品质，她们甚至还会考虑自己的着装是否能与她的心情、身份、思想等相契合。分享经济的价值在于，它带来的不仅仅是资源的重新分配，更是让资源通过用户的需求不断向上游回溯，从而提高品质。将来，那些品质不好的东西很可能不会再被分享了。

陈永伟：衣服的分享是由来已久的，《诗经》中就有"岂曰无衣，与子同袍"的诗句。但由于古代技术水平的限制，那些分享只能在社区里进行。为什么原来的分享不能做大，而现在分享经济能够异军突起呢？正像刚才各位介绍的那样，分享应该是依托于现有的技术手段，使得原来一个古老的分享理念得到了复活。所以我定义的分享经济应该是用现代的技术去复活古老分享的理念，使人、财、物等闲置资源得到更有效的利用，让品质得到提升。可以说，一千个人眼中有一千个分享经济，定义这个东西很枯燥，虽然它对于做研究的人来说很有意义。直观地来讲，我们关心更重要的问题，就是分享经济究竟如何改变了我们的生活。因此想请各位结合自己的产业谈一谈，你们的分享经济到底是怎样改变了我们的生活？

创业的痛点 50位创业先锋的心灵独白

曾进：我们一直坚信一件事情，就是为知识付费。人类有很多知识问题需要得到解决，过去我们通过百度、谷歌、知乎、果壳来解决。以前我们用一个小时来解决一些知识难题，这导致原有的产品过重。现在我们想更加轻盈和社交化一些，用手机端来解决一些短小的、可以在一分钟之内解决的问题，于是便有了"分答"。

产品上线的前三天，我觉得这个产品具有一些社交化的属性，可能会在很小的范围内传播，于是我便在作家朋友圈里散播"分答"，给他们发了几个小红包，一下子就有一两百个作家和媒体人进驻。这让我感到可以玩起来，像圈层一样会从作家圈逐渐向投资圈等扩展。

如果问"分答"对我的生活有什么改变的话，首先我觉得我的朋友圈已经被刷爆了，所有圈层的朋友都被影响了。"分答"在上线40天的时候，我儿子小学的校长突然对我说，报纸上有一些关于你们的报道。这时候我们才意识到，目前它连接到了一千万对用户问题的好奇心。举个简单的例子，《财新》主编王朔有一天收到了一个问题，问的是一个盲人在中国除了做按摩师还有什么出路。王朔收到这个问题的时候觉得很难回答。因为他是媒体人，对盲人在中国能从事什么行业并不了解，也不专业，因此他感觉自己没有能力回答这个问题。后来他想，如果提问者真的是一位盲人的话，那他确实有责任帮助这个人。于是他收集了很多资料，甚至找到了一份关于美国盲人职业生涯的资料，后来他用一分钟回答了这个问题。同时他对提问者说："如果你真的是一位盲人的话，我觉得我应该把提问的费用退给你。"这位盲人回应说："我需要你帮我解决问题，并不需要怜悯，你回答的问题已经值回票价了，非常感谢你。"

一开始，"分答"上的问题都比较欢乐化，主要是为了满足了人类的好奇心，但本质上是通过移动互联社交帮助信息缺乏的人进行了资讯的补足，特别是医疗、教育这类"刚需信息"，很多人得不到权威人士的专业支持。我想这是"分答"真正的社会意义和价值。

张礼明：作为分享经济，我们的模式比较容易理解，痛点也很清楚。很多国人从小学的都是哑巴英语，中国雅思考试全球排名最低，这也是由全国各地英语水平参差不齐的人都去参加考试而导致的。其实要想把语言

学好，第一是要跟外教，而不仅仅是跟着中国人学知识。在我们传统的外语教学当中，传授更多的是知识，而知识不能帮助你提高语言技能。如果要真正提高语言能力，那就一定需要互动式学习方式，和外国人进行沟通。在当下的中国外语教育市场中，缺乏优质的外交资源就是我们最大的痛点。

而这一痛点通过分享经济就可以解决。如果有一个技术平台能够把外教资源从国外引入中国，那么用户的需求就完全可以通过平台来实现。获取"一对一"的外教资源的难点是什么？是时间和金钱成本。从时间上来讲，用户不可能随时随地找到外教，这非常困难。如果要随时随地找到外教，利用自己的碎片化时间，让外教"一对一"地对其进行服务的话，这在一线城市的成本将非常昂贵，而在二三线城市则几乎是不可能实现的。"一对一"外教在上海的时薪是三四百元，这同样是巨大的成本。共享经济正是把国外优质资源匹配到中国，让更多的中国人尽快提高语言能力的愿望得以实现。

共享经济还需要依靠技术平台对它进行精细化的匹配，像滴滴出行，它能知道什么样的司机在什么范围内，如何进行匹配。我们的平台也是如此。我们可以知道学生对老师的背景、星座、授课时间、兴趣爱好等偏好，通过大数据进行匹配，从而提高用户的满意度和黏性。只有做到这样，才能将两端进行匹配，达到真正的共享。

王连涛： 出门找住所是一个刚需，有很多传统的方式可以给予满足，比如说酒店、租房等。随着中国人消费习惯的改变，大家出门旅行的频率越来越高。同时随着中国城市化的发展，尤其是高铁的出现，城市之间迁徙的频率也越来越高。很多人经常要往返于各大城市之间，可能不仅仅是简单的旅行，也可能需要住一段时间进行学习、访友等其他活动。这时候，原有的出门住宿方式很可能不能满足新的居住诉求了。这是因为消费者在预算和时间上的规划与传统方式所提供的服务并不匹配。小猪短租就在做这样一件事情：让有房产的人、房产闲置的人通过分享他的房子，来满足需求端用户的需求。

这一方式并不是简单地帮助用户省钱，而更多的是在用户场景上，消费者会觉得个人分享的房子能够满足他的需求。这个需求可能是一家人住在一起享受家庭温暖，或者消费者能够更自由地选择居住的地方。其实分享房间是分享中难度比较高、挑战比较大的，开始很多人不接受，担心安全及其他问题。但经过四年的市场培育，我们发现，现在大家出门的时候会考虑不住酒店，而选择一个不一样的居住方式。

白惠源： 分享经济最大的价值是把闲置资源通过大数据、云计算、支付等方式迅速进行匹配，来满足各种不同的、个性化的需求。

从出行或者用车的角度来看，车位共享十分重要。举两个案例，一个是B2C的，一个车主有一个车位，因为车主是流动的，并不需要全天使用车位，他的车位每天可能要空闲8~10小时。另外一个人外出办事，他在各种用车或者停车APP上找不到车位，这时候分享车位就会起到很及时的作用。为什么过去分享车位领域一直没有产生非常好的标杆公司？原因是同一个车位做不到绑定多个车牌。但是现在ETCP可以做到这一点。因为车场进出口管理车牌扫描的软硬件设备由我们把控，可以做到流量管理。所以车主在做C2C分享的过程中，他只要在我们的APP上进行预订就可以了。我们在入口可以做到数据的实时上传，停车时间及费用都十分清楚。

这是第一个案例。

第二个案例是B2B的。分享经济一定要创造价值，一定要让资产或者是其他东西得到分享。其实我们和租房有些类似，也在做资产分享。我们于2016年3月15日上线了一款B2B产品，这个产品是为全中国所有分时租赁公司提供服务。分时租赁公司最大的痛点不是车，而是停车运营网点。那么这款B2B产品做到了什么？比如说在北京，我有500个停车网点，有15万个停车位，通过这个产品我们可以做到线下给分时租赁公司提供500个停车网点。它的意义不在于停，而在于增加的几百个停车网点，这意味着车辆的运营效率在发生巨大的变化。对公司而言，成本结构变化是最有价值的。原来一辆车在偌大的北京城周转一两趟就很了不起了，但是现在新增了500个停车网点，这就可以让每辆车可以周转10趟、20趟，用户体验会更好。

唐万里：刚才各位都谈了通过自己的分享经济改变他人生活的案例，但还有一个问题，我们为什么要用分享经济呢？我自己的房子不租出去不是更好吗？我自己的车子为什么要让别人一起搭乘呢？为什么国家重视分享经济的发展，甚至全球范围内都将分享经济作为推动重点？作为一个创业者，这个问题是我更加关心的。

自第二次工业革命以来，人类越来越强地学会对社会资源的挖掘与使用。炼钢铁、用电、用互联网，过去二百多年我们一直都在生产。我们生产的东西越来越多，制造的东西也越来越强大。如果再这样持续下去，在北京再增加几百万辆车，北京就成了停车场。如果再建更多的房子，再炼更多的钢铁，社会环境就会变得更加恶劣。下一个时代，我们需要思考的是如何更高效地提高社会资源的使用率，更高效地节约社会资源，这也是激励我们做分享经济的一大动力。

所以我个人觉得，分享经济接下来会在资源配置、资源高效利用方面摧枯拉朽地推送到生活的方方面面，不仅仅是知识、车子、房子，甚至自家的房子可以发电，还可以将多余的电量卖给周边的邻居。其核心是对资源的再度利用，降低人类对社会资源的损耗。

做"回家吃饭"的初衷也是如此。最初在北京上班的时候，我们每天有3小时在地铁上通勤，还要花9~10小时在工作上，所以很难花上1小时为自己准备一顿饭。但我们同样看到了邻里退休的大叔、大妈和全职太太，他们每天的一大工作便是烧饭。那我们是否可以鼓励他们烧饭的时候顺便多做几份呢？这样我们就不用为了开餐馆而修建更多的房子，占用更多的资源。经过22个月的积累，"回家吃饭"平台上已经有了上万个烧饭的家庭，上百万个饭友。将来有一天，我们希望大家可以闻着隔壁人家的饭香，拿着手机就去邻居家吃饭。

刘梦媛：男士最大的人生痛点可能是事业心，每天都在为了自己的事业打拼。但事业对于女性来说未必也是第一位的，说得俗一点，很多女性更关心的可能是嫁什么样的老公，每天穿什么样的衣服。因此我想先简单介绍一下"衣二三"的模式。

在成为"衣二三"的注册用户之后，女生每个月缴纳不到500元的会员费便可以在APP上随意借穿她想要的任何品牌衣服。每次可以选三件衣服借穿，会员可以不限次数地换穿，同时我们的APP上还会有很多专题对穿衣风格进行指导，介绍当前着装流行趋势。这可以让每个女生更加了解

自己，用更低的门槛来寻找适合自己的穿衣风格。

我们做了几个月之后发现，女性在购物上的行为发生了很大的改变。一个女生用户可能会打开APP四五次，在里面浏览一百多件衣服，选择十几件收藏，每周换一个盒子选三件衣服，最后买下其中的30％。我们的模式就是先体验试穿，再进行购买。后来以至于有一天，我穿着自己的衣服去见朋友，当她得知我的衣服不是"衣二三"上的牌子后还很意外，惊讶于我现在还有自己的衣服。这当中很有意思的一点是，过去女生出门之前会思考至少半小时应该穿什么，不断地翻衣柜，而现在家中不需要衣柜了，她只要在"衣二三"上进行浏览，选择试穿，就可以找到适合自己的衣服。这可能是给我周围的女性朋友生活方式带来的一个很大改变。

【点评】阎焱：我有两个问题想听一下各位的意见。第一个问题，你们各位的商业模式，在美国几乎都有同样的东西。比如，小猪短租对应美国的Airbnb。那么你们在复制美国商业模式的基础上，有哪些是根据中国的具体情况进行调整的地方？第二个问题，中国现在产能过剩，比如钢铁、水泥，那么有没有办法把它们进行共享？从创业者的角度来看，有哪些东西比较容易进行共享，有哪些领域是难以共享的？在这一点上，你们是如何把握的?

张礼明：我先来回答第一个问题。在语言学习的角度，我们所做的工作基本上属于从0到1。在美国，很少有人需要学习第二语言，美国人也没有兴趣学习第二语言。从宏观来看，在B端开始的B2C业务中，语言类学习的业务很少，我们实际上也是全球在纽交所上市的B2C业务中语言类学习分享的第一家，因为这涉及门槛问题。如果仅仅是搭建一个平台，老师进行授课，这很容易实现。但其中的门槛在于：第一，要做到真正的分享经济所必须实现的标准化流程，没有标准化就难以形成市场规模。所以老师的培训和选择就显得十分重要，只有3%的外教可以在我们的平台上授课。从新老师到"五星"老师，每一星的升级都需要标准化的培训。我们每次的课时为25分钟，大多是利用用户的碎片化时间进行培训，所以对前10分钟讲的内容和前20分钟讲的内容，我们都做了细致的规划标准。只有通过这样标准化的运营，才能使整体的运营规模化，体现平台的价值。

第二，老师的评估非常重要，不然平台的质量就会很差，我们需要类似滴滴打车量化司机服务标准的体系来对老师进行评估。除了我们自身的监控评估体系之外，还会综合学生对老师的评价，这样才会让老师有紧张感。因为大数据会对老师的教学作出评分，分数高的老师自然会收到学生的追捧，低分的老师则会失去竞争力。

【点评】阎焱：竞争门槛一般有技术门槛和行业门槛，比如做芯片，英特尔之后其他人再做就很难了。还有和行业特性相关的，比如搜索引擎，有人做到份额第一之后，排在第二、第三的就没什么机会了。另外，就是这个行业的核心技能要难以复制，比如餐饮行业，家传配方如果被其他人复制，就很难继续做下去了。

我同时还在思考这样一个问题，在今后的10年、20年中，中国很可能仍是以复制为主，学习他人的商业模式。这也是很自然的现象，作为一个后发达国家，从经济学的角度来讲，复制是最有效率的发展方式。但我们在复制他人模式的时候，如何在中国的市场环境中进行创新，这是一个需要我们关注的问题。

王连涛：拿房租分享来说，美国的Airbnb在2008年就开始做这样的

事情，我们是在2012年开始做的。说实话，我们是看到Airbnb这样做之后，觉得中国也存在这样的机会，因此才开始做"小猪短租"。但我们需要观察以及面对的环境确实不同。Airbnb从旧金山开始，做到美国东部，之后是欧洲和日本，一路非常顺利，顺利的关键在于运营。其在整体业务上有两点十分重要，即基础的交易平台和社区。

但在中国做房屋分享，除了政策问题，更重要的是因为环境不同而导致了运营方式的不同。所以我认为，我们是从0到1开始做的，这更多的体现在了创业的方面。欧美有很多比较大的房子，有分享的文化基础。但是在中国，房子的基础条件并没有那么理想，分享文化在初入中国的时候也受到了很多挑战。还有一点是，很多想参与到分享当中的人并不知道应该如何进行分享。那么我们在运营上需要做到什么？我们希望所有闲置的房产都能够被分享，因此要不断降低分享的门槛，做更多的基础设施建设，这一点是Airbnb所不需要做的。因此我们建立了完整的保洁体系，同时因为中国的城市过大，我们要用自己的平台来解决接待的问题，还有就是请兼职摄影师帮助房东进行拍照，并保证照片及其信息的真实性。

所以不仅仅要能发现机会，如何解决机会所带来的问题则是更为关键的。因此我们更多地致力于解决运营细节，实现从少数人向少数人的传播、再到少数人向大多数人的传播，再结合环境及不同过程中所遇到的问题来完善服务。

白惠源：关于停车的问题，我们在成立之前曾经到全球各地进行了走访，发现并没有一个真正好的停车模式，也没有好的解决方案。后来高速公路上的快速通行启发了我们，我们觉得可以将其应用于停车场，只要绑定微信或者APP就可以实现无须现金的快速通行，给车主带来方便。

我们的核心业务永远围绕着停车，做的是打造一个用车服务的生态平台，所做的工作也基本是从0到1。过去一段时间里，我们的工作非常艰辛，到处"跑马圈地"，这些业务在很多VC的眼中并不是非常"性感"。我之前在阿里巴巴工作，是最早一批互联网从业者，为什么现在选择了这样"不性感"的业务？因为在中国的商业环境下，停车场一直是被忽略的入口，同时很难做好。但换个角度来看，停车场是一个极大的流量入口。首先停车是刚需，其次它的日频性，可能我们不一定经常打车，但停车的需求每天都很大，在各个场景下它都是流量的入口。

在过去的三年中，我们的创业十分艰辛。因为停车场很难标准化，这一问题甚至政府都很难解决。但因为相信它的价值，我们坚持了下来，并取得了不错的成绩。很多行业内的前两名之间的差距并不明显，但是在停车行业，其他竞争对手的占比可能还不到我们体量的一半，我们一直都是在从0到1地做着。

【点评】阎焱：你需要解决的问题在国内从技术到政策层面都有难度，但如果能将这个问题涉及的政策风险也解决了，那么将会有非常广阔的市场。因为它不仅仅可以解决停车的问题，后续还可以解决城市中的用车问题，这在一些极其拥挤的特大城市会有非常好的前景。

曾进：果壳网是一个在中国做了很多年的传播科普知识的社区。在中国的知识社区中，科学类有果壳，文艺圈有豆瓣，这些知识社区应如何将它的流量转化为经济效益？2014年，我们决定做"在行"的时候，很多人跟我说，这种"一对一"线下见面为知识付费的事情很多人都想过，有几个程序员就可以做出来。但对于该如何操作，建立怎样的生态圈之类的问题，很多人有想法却并没有真正实施。

我个人很相信为知识付费这一模式，也认为在认知盈余的当口，这一领域存在机会。所以在从0到1的过程中，最重要的是解决自身的逻辑问题，基于痛点来进行转化。而在从1到N的过程中，要考虑更多的问题。在一线城市，我可以花一个小时通过人际关系找到业内专家，用两三个小时来解决问题。但二三线城市的用户该怎么办？显然远程通话才是更实际和有效解决问题的办法。因此我们又做了"分答"这样的轻产品。比方说我想要到北京的协和医院看皮肤科，但不知道协和医院是否能够治疗我的疾病，那么就可以通过"分答"来解决。

我们相信为知识付费，为解决问题而努力。在不同的场景下，我们可以做出不同的产品来满足用户对于教育、医疗、法律各个方面的需求。在过去我们已经看到，人们的个性化问题并没与真正通过移动互联网得到解决。大多数时候，我们看到的是B2B，看到的是大公司找麦肯锡、高盛解决业务问题。但从个人角度来看，每个人从出生开始遇到的各种问题都在不断升级和复杂化，而每个人的知识经验都有局限性，因此需要有这样一个平台来帮助他们解决问题。

唐万里：我们一直在学习和思考分享经济要跨过的门槛，我认为这个门槛是定价。"在行"和"分答"用非常巧妙的方式进行定价，定价成功了，知识分享经济才可能做好，我觉得这也是他们创新的地方。滴滴在模仿和推进的过程中，要解决的核心问题是利益分配。滴滴在快车、拼车、专车等业务上都做出了自己的判断，同时也进行了创新。"小猪短租"要解决的核心问题是信任，他们也在做自己的创新，这些是Airbnb没有做的。"回家吃饭"要解决的核心问题是标准。在美国似乎有类似"回家吃饭"这样的模式，但他们做的其实是饭局，而不是邻里之间的饭菜共享。邻里之间的饭菜共享最大的问题是用户愿不愿意去吃，为什么去吃，这当中的标准在哪里。无论如何创新，这当中的标准十分重要。首先是干净卫生，其次是符合口味，在运营中我们也是紧抓这两点来进行集中解决。我们对每一家厨房进行实地认证，有工作人员上门拍照考察。所有参与分享的用户都要进行实名认证，要有《健康证》，家里的卫生条件也很好。

干净卫生只是一个基础问题，很容易解决，更重要的是分享的饭菜能够符合用户的饮食习惯。外面有那么多餐馆，我为什么要选择邻居家的餐厅？就是要在好吃的同时有人情味。中国有这么多的省份和不同的菜系，如何把好的味道找出来匹配给适合的用户，这是我们思考和推进的重点。

刘梦媛："衣二三"不是世界首创的租衣模式，美国也有类似的公司，那么我们最大的机会是什么？我们是一个数据驱动的时尚平台，从来没有一个平台让这么多的会员用户在上面留下如此高频的浏览、试衣、购衣全线数据，这些数据也让我们创造了"衣二三"指数。服装虽然是非标品，但是我们通过用户的行为数据，给每件衣服都创造了独一无二的评判标准，这一标准可以用于供应链的重新洗牌。

我是中国国际时装周的评委，很清楚中国的服装市场达到了万亿级的规模，但是这个市场十分盲目，有很多库存积压，并不知道消费者真正需要什么。但是"衣二三"给了用户一个平等的机会，她们不需要再考虑衣服的价格、品牌附加值等其他问题，每一件衣服对于她们来说都是平等的。这个时候用户喜欢什么风格的服装，选择哪一类服装的数据十分重要。我们每周、每月、每季度都在重新定义什么样的品牌受欢迎，什么样

的款式、流行元素、面料受到用户的喜爱。我们会做非常多的数据总结，之后反馈给上游，供应链会做重新地打散和洗牌。这是我们的一个很大的创新。

【点评】阎焱：从0到1和从1到N并不是截然分开的，很多时候从1到N包含了很多微小的从0到1。在中国创业，很重要的事情是复制一个模式，用最短的时间筑起竞争藩篱。在共享经济当中，创业者看到的不同领域有大有小，有早有晚。当你要改变人类的消费习惯的时候，会遇到两种情况：第一，在还没有改变消费习惯之前，就已经"出师未捷身先死"；第二，通过产品和服务改变了大众的消费习惯，造就了一个巨大的市场，一个人类历史上从未有过的市场。但遗憾的是，第一种情况的比例远远大于第二种情况的比例。

走向农村

两个"村官"，他们一个是50后，另一个是80后。一个是武汉大学哲学学院的博士生导师，武汉当代科技产业集团股份有限公司董事长，同时还是武汉市新洪村村长兼党支部书记。另一个是以优异成绩考入美国耶鲁大学，毕业后却来到湖南衡山脚下的一个小山村，做了一名大学生村官，被村民亲昵地称为"耶鲁哥"。两个"村官"都为村里带来了什么？"村官"生活，又为他们带来了什么？

2016年亚布力青年论坛创新年会上，武汉当代科技产业集团董事长艾路明与湖南省衡山县福田铺乡白云村大学生村官、黑土麦田公益联合发起人秦玥飞就村官生活展开了一场对话。

秦玥飞：20世纪80年代，您大学毕业后被分配到了当时应该算非常好的工作单位，但是您仅工作一天就辞掉了工作，和几个大学同学共同创办了一个生化研究所。据说最开始，你们收集男性尿液，从里面提取尿激酶出口，也做过药品。那时候的很多大学生可能都想着进入体制内，进国企，你们为什么会做出如此截然相反的选择？

艾路明：我们当时的想法也比较简单。30多年前中国正处于一个改革开放、蓬勃发展的时期，拥有巨大的发展空间。在这个过程中，中国的发展需要获得三方面的推动力量：一是需要有一批具有新思想、新知识、新观念的政治家推动中国经济制度的完善；二是需要一些具有国际化眼光，同时又深入了解中国情况的一些学者推动中国学术的发展；三是需要一批真正的企业家来推动中国经济的发展。

在这种情况下，有的人需要从政，有的人需要做学者，而经过仔细思考后，我觉得自己比较适合做企业。因为我的胆子比较大，执行力也比较强。所以当时我就选择了"下海"。我相信我的举动会对中国未来的发展有意义、有价值的意义；虽然不一定会取得成功，但是一定需要有这样的行为。实际上，这一做法也与当时整个中国经济、政治、思想环境有着非常深刻且必然的联系，也正是出于这些因素，我们的这一想法才能落地生根。

秦玥飞： 想清楚和迈出去还是有本质区别的。是什么促使您放下身段，做这样一件别人可能无法理解的事情？比如说扛尿桶、收集尿液，这是很多大学生都不会去做的事情。

艾路明： 当时我们这帮同学虽然想"下海"做企业，但是完全不懂怎么做。但是我们知道一点，做企业的重点在"做"，"做"比"想"重要得多。

首先，我们要注册一个企业，但是在1988年的时候中国还没有《公司法》，因此注册企业需要满足有很多条件。当年我们的企业注册在武汉市的一个区，当时这个区正好希望向中关村学习，推动一些科技企业的成立

武汉当代科技产业集团董事长
湖南省衡山县白云村大学生村官
黑土麦田公益联合发起人

与发展。于是他们提供了一个政策，2000元就可以在工商局注册一个研究所。这个研究所可以经营，但所有权归科委，科委占股份的51％，经营者占股份的49％。当时我们刚研究生毕业，也没什么钱，觉得这条政策还挺合适，于是凑了2000元在这个区注册了一个研究所。现在看来，这事或许有不合理的地方，但在当时确实是一个很大的进步。

其次，我们要想清楚一点，创业实际上就是把所有的后路都给断绝了。所谓断绝是什么意思？当时我们被分配到了一个很好的工作，我们都被分配在政府机关、国有企业或国有研究机构工作，有各种各样良好的保障。但一旦"下海"，这些保障就都没有了。我当时算了一笔账，那时候我31岁，每个月的工资是89元。如果工作到60岁，还有30年，每年大概有不到1000元的工资，将来可能还能分到一套两室一厅的房子，价值三四万元，还有医疗保障和其他福利。假如将通货膨胀的因素考虑在内，一个人一生的收入也就30万元左右。但是"下海"后，一个人一辈子赚30万元肯定是没问题的，所以我就下定决心去做了。我们一起下海的同学有七个人，其中有五个人是生物科学的硕士，他们提出来可以从男性的小便里提取尿激酶，而尿激酶是可以治疗心脑血管疾病的。

于是，我们承包了武汉市所有的公共厕所，每个厕所一个月交200元给环卫局，我们把尿拉走，也负责清洁。我们将收集起来的尿液进行加工，然后出口到日本，三个月以后收到了第一笔款。现在说来，我还觉得很高兴，因为当时全世界90％的尿激酶都是我们生产的，中国用的尿激酶也基本上都是我们生产的。这在三十余年前几乎是不能想象的，怎么能让民营企业生产药呢？那时候，觉得民营企业开餐厅都不安全，但是现在看起来这些都是很普通的事情。

回头看，通过三十余年中国企业家、中国民众和中国政府的努力，中国经济已经逐步走向了更开放、更符合经济发展规律的方向，这也是今天中国成为世界第二大经济体的最根本原因。

秦玥飞：创业避不开的一点就是选择合伙人，在现在这个浮躁的社会里，很多初创公司都是因为合伙人不团结而状况不断。这么多年来，您和合伙人始终团结在一起的秘诀是什么？

艾路明：我们当时选择伙伴的时候有这么一个历史背景，当时我是武汉大学研究生会的主席，我的伙伴都是我们的成员，有的人是副主席，有的人是部长。在学校的时候，大家就觉得在一起做事情非常愉快。为了让这种关系持续下去，我们选择了一起创业。当我把创业的想法和所有学生会成员说了之后，有的人愿意服从分配去工作，有的人则因为家庭或个人原因回了老家或者去了其他地方，最后剩下的七个人就"混"在了一起，也算是第一轮的筛选吧。

另外在股份分配上，1988年的时候中国还没有股份制的概念，但我们"下海"的第一天就制定了内部的章程。我们七个人平均分配股份，将来谁对这个公司的贡献大，他的股份就会增加；假如谁做错了影响比较大的事，他的股份就会减少或者不增加。1988—1997年（1997年公司上市了），九年时间内公司股份逐渐形成了比较清楚的划分。在这个过程中，我们始终坚持"下海"时定下的规矩。

为什么我们都能遵守最初制定的规则？一方面的原因是我们是同学，大家互相了解，也有比较一致的价值观。对于合作伙伴来说，我觉得认同一些基本的规则非常重要。实际上，我们这个团队现在已经基本上不主导这个企业了，大部分人都在二线或者从事其他工作，比如说，大家已分别担任了全国人大代表、省政协常委、市人大常委，或者省工商联副主席等职务。

对于退居二线的事情，我们几个都想得比较清楚。随着中国经济的发展和环境的变化，在很多方面我们已经无法满足今天企业发展的要求了。我们应该把自己放在比较次要的位置，让更年轻的人来取代我们。在股份上，也要让更年轻的人有可能占有更多的股份，至少跟我们占有同样的股份，这样才能充分调动他们的积极性。我觉得这样一种制度设计，比依靠个人的自觉性更重要。合适的制度安排，能够使那些更接近未来市场需求的一批人能够真正掌管企业，把他们的思想带到企业里，推动企业的成长。因此，我们内部还有一个非常特殊的安排，就是"三三制"，董事长三年一换，而且并不完全由股东来选举。

秦玥飞：能跟我们介绍一下"三三制"吗？

艾路明：我们20世纪70年代末80年代初上大学的人，跟90年代上大学或者2000年以后留学的人完全不一样。我们学习的知识、身处的环境更多的是非市场经济的，因此我们有自己的局限性，而我们自己也应该认识到自身的这一局限性。而比较好的解决方法就是把企业中重要的岗位交给年轻人来掌管。因为他们能真正地理解和把握市场经济。在让谁来掌管的问题上，股东、管理层和员工各占1/3的投票权，由这三部分人来共同决定谁合适做董事长。

世界上有这么多的好企业，这就说明有更多的人能成为好的企业家，关键是他能否在这个位置上发挥作用。如果有好的机制让这些人发挥作用，那么企业就会越做越好，而且会永远与未来经济、市场的发展保持一致。所以我们采取了这样一个"三三制"的做法，有力地推动企业管理模式的改变。

在这个问题上，我还有一个想法，就是我们看到世界经济发展有一个"以百年计"的规律。英国最具有里程碑意义的革命，除了蒸汽机、科技之外，很重要的一个便是"有限责任制"的发明。在此之前，一个人创办企业后，要承担无限责任，但是英国首先实行了有限责任。一个人创办企业，如果创业失败了，他只承担有限责任，而与他的家庭和未来没有太直接的关系，这一制度使得英国工业革命迅速把英国推向了一个新的历史高度。

20世纪初，美国在股份制、机械化方面都进行了一系列的管理革命。当然这与美国经济制度的变革也有着密切的关系。所以未来中国要想走在世界前列，企业管理就必须有制度性创新。因此从这个意义上说，"三三制"是一种尝试，我不认为它就是最成功的做法，但是中国的企业家有责任和义务在制度创新层面做出不同的尝试，从而使得中国的经济能够真正走在世界的前列。

我也有几个问题想问下你，你从美国耶鲁毕业后，出于什么考虑去了农村？

秦玥飞：我2010年从美国耶鲁大学毕业时去农村工作有以下两方面的原因。

第一，我出生在一个非常普通的蓝领工人家庭，从小看到父母亲为了追求更加美好的生活而付出的努力，包括父母亲带我到全国各地的好多地方上学，给我创造各种各样的条件。我们住过地下室，到超市买过快过期的食品，我小时候穿的衣服都是亲戚给的。经过这样一个成长经历，我非常认同普通中国人对美好生活的追求。

第二，我在美国耶鲁大学也是学生会主席，现在村里做的很多事也是拉着当时学生会的同学一起做的。毕业的时候，我也收到了很多offer，但还是想做一些跟自己价值观匹配的事情，所以想去农村尝试一下。本来想就干一两年，之后再干别的事，但是没想到走上这条路就出不来了。

艾路明：做了五年"村官"之后，你有什么感悟？觉得自己给村里带来了什么变化？

秦玥飞：我之前服务过一个村子，在那里待了三年，使这个村子变成了现代意义的社区。但是在这个村子建成社区之后，我进行了反思，因为我发现虽然村里的基础设施发展了，但是老百姓的生活还是老样子。现在到第二个村子刚一年多，我们开始探索用创新、创业的方式去"造血"，比如，成立山茶油合作社。

我听说自从有了《存贮委员会组织法》之后，您曾连续多次通过普选、直选的形式担任村支书或者村主任，这是非常不容易的。您觉得是您身上的什么气质或品质，能够让这些村民们踏踏实实跟您走，把神圣的选票投给您？

艾路明：农村的选举制对中国来说是一个巨大的进步。未来这一选举制度将进一步推广到乡，这是值得尝试的做法。我当选村主任或村支书，有三个方面的因素。其一，在村里，一般而言，上级党委推荐的人选有更

多当选的可能性。为什么呢？因为选举实际上是一种利益的安排。所以一般情况下，老百姓还是会投票做出自己的选择。

其二，其中也确实受到村子里一些大家族的影响。很早以前，我到村里去的时候，因为某种机缘巧合，我们村上李姓是大姓，一个村八百多号人，将近700人都是亲戚，是大家族。但是很多代以后，辈分相差很大。村里有个组长的年龄跟我差不多，有一天我们喝酒聊天闲扯，我说他是我老哥，他说我是他老弟，我问他在村里排辈能排在第几，他说算起来他是现任副书记、村副主任的太爷辈。我说那你是我老哥，于是就把全村男女老少请到村里喝酒，摆了酒席，大家就变成兄弟了，所以我在村里的辈分也就很高了，他们也不会觉得你是外族人了。

其三，就是你做的事情要对老百姓有利。比如说当年的"计划生育"抓得很紧，真的出现了小分队把孕妇抓走做手术的情况。对于这样的行为，我公开反对，我不允许在村里出现这种情况，对此老百姓还是非常认同的。1995年我当村主任的时候，国家还在收农业税，实际上农民很不情愿。因此，一到收税的时候，我们就要到农民家里背粮食，或者农民主动把粮食放在村部，我们把粮食卖掉，用卖粮的钱来交税。其实，这非常不合理。因此1998年我在村里实行了一个政策，就是我们公司帮农民出这个钱，农民就不用再交税了。我说我相信有一天，全中国都不用交农业税了，果然2008年全中国都不用交农业税了。

正是通过这些事情，农民开始认同你。我在村里做了差不多二十年的老村主任，村民家里出了大事、小事都愿意找我。对我来说，村民找我不一定是因为我是村委书记，而是他们与我之间有一份乡情和一份亲情。既然我有这个能力，那就要把事情做得更好一些。

秦玥飞：土地对农民来说非常重要，党的十八届三中全会提到了农民土地承包经营权流转制度的改革创新，对此您怎么看？这样的改革创新会给农村带来怎样的机遇和挑战？

艾路明：土地经营权流转，这比以前有了很大的进步，有利于农村的发展，但是我还是认为这并没有从根本上解决中国农村的发展问题。因为从宏观上来说，一个国家竞争力的强弱和这个国家整体劳动生产率的高低有关。一个国家之所以强大，之所以富饶，之所以发展得快，是因为它的总体劳动生产率高。

如果30％的人在农村工作来养活另外70％的人，与只需要1％的人从事农业生产来养活99％的人，哪一种效率更高呢？毫无疑问，很少的人养活更高的人，这样的劳动效率更高。如果想实现劳动效率的提高，必须解决好农村土地制度的安排，如果这个制度不能完全自由的进行交换，不能充分进入市场，实际上会对农村整体效率的释放产生影响。当然在完全做到这一点之前，我们可以先做一些土地可流转的尝试，应该说这是一个很大的进步，未来是不是一定会朝着土地制度完全变革的方向发展，现在还不好说。

我们曾经做过一个调研，每年"春运"期间很多广东农民工要回到内地，如湖北、湖南，甚至陕西、河南、四川。但是你想过没有，过年他们真的需要回家吗？我们通过调查发现绝大部分农民工不是因为这个原因，而是因为他们要回去证明自己的存在，而且村里的土地跟他有直接的联系，这样的需求要高于他回去过春节的需求。所以如果土地能够完全流转，甚至于土地完全可以交易，那么他们何必回去呢？如果他不用回去，他的小孩能跟着到城里来，在城市里生活和工作，同时取消户籍限制，这样不是对当今中国农民的发展更有利吗？否则，我们今天哪来的这么多留守儿童呢？我们现在还在做一个"阳光工程"的公益项目，就是让我们的大学生在放暑假的时候回到村里，陪伴留守儿童度过两个月漫长的暑假。所以如果他们跟父母一起在城市里生活和学习，那么这样的情况不是会远远好于让农民工过年回家的状况吗？而同时如果土地完全可流转，土地就会相对集中起来，那么土地的使用效率，以及科学、技术和装备的使用就一定会大幅度地提高，而劳动效率的提高一定会带来中国经济本身的发展。所以我始终认为中国土地制度的变革，是未来中国经济发展的一个非常重要的动力。

基于这样的思考，所以我也想问问你，美国的历史上是不是曾经也有这样一个土地制度的变化？

秦玥飞：这方面我没有做过研究，所以不太好回答，但我倒是从人才的角度有一些观察和思考。有一件比较有意思的事情，那就是我从美国耶鲁大学毕业回来当村干部的时候，在美国留学的小伙伴们都认为我做了一件正确的事，并不觉得我的这个行为有多奇怪。但是回来之后，我发现社会上、村里面、当地县里的组织部，包括国内的大学生们对我这个行为完全不能理解，都在问同一个问题：为什么一个耶鲁大学的毕业生要到农村去。

在美国，耶鲁大学和哈佛大学有60％的毕业生申请去做 Teach for America（为美国而教）的公益项目，美国这两所名校的毕业生相当于咱们清华和北大的毕业生，清华和北大的10个毕业生中就有6个人要去西藏和青海支教，而且你不同意还不行。对此，我觉得特别奇怪，于是就研究了一下美国的这一套制度。经过研究我发现，不仅有很多毕业生愿意参与这个项目，而且这些毕业生到达当地之后还会获得庞大后勤团队的支持，告诉他们在基层需要干什么和怎么干。在没有资源的时候，后勤团队还会匹配资源帮助他们把事情做成，事情做成功之后，这些毕业生就会慢慢形成自己的影响力，也为今后的发展提供了保障，而这也是他们愿意参与这个项目的原因。

艾路明　武汉当代科技产业集团董事长

秦玥飞　湖南省衡山县白云村大学生村官
黑土麦田公益联合发起人

反观中国的情况，我觉得中国农村现在有机遇，但是人才极度匮乏。其实我们国家也不缺有理想、有信念的优秀大学毕业生，但是为什么他们不愿意到农村去？关键还是没有这样一套人才激励的制度，没有形成良性循环。比如，清华的毕业生到湖南当村干部，一个月工资只有1500元，甚至没有医保和社保，想做事但是又没有资源。面对这样的情况，我和耶鲁的同学进行了探索，我们创建了一个公益组织，从全国的海外留学生当中选拔出一批感兴趣的毕业生，资助他们到农村做创业创新、精准扶贫，也有导师对他们进行帮扶，这是我们做的一项尝试。

回到土地制度的问题，其实我个人觉得农村土地经营权流转是很大的一个进步，也是农业现代化的必经之路。它可以帮助我们国家的农业从小农经济转向集约式大规模的生产。在这个过程中，其实我也遇到了一些阻力。比如说有的地方政府为了达到目标，会制订流转土地的具体数额，为了流转而流转。但是土地流转之后，这些土地是否得到了有效利用？利用的效率有多高？都不知道。当我准备在村子里做流转土地联组的时候，有的老板听说后先一步下手，抬高了流转的价格。改革是好的，政策是好的，方向是对的，但是在这个过程中，我们还要有配套的机制来保障制度可以很好地推进。

站在成功的企业家角度，您怎么看待农村的创业创新和农村下一个万亿级蓝海市场的未来？您觉得农村创业有什么样的机遇？

艾路明：对于农业来说，绿色食品、安全食品有着很大的市场空间，而且随着"互联网+"和"绿色食品"概念的推动，市场的需求会越来越高，也会有越来越多的人和资金投入这个领域里，所以这里的创新创业机会是巨大的。另外，我们也要谨慎，在土地制度没有完善之前，盲目地或者匆忙地投入农业发展中，我觉得也会面临很多的不确定性。

秦玥飞：您是村主任，又是比较早的一批创业大学生，您对现在大学生毕业以后到农村发展这一现象如何评价？您对这些愿意到农村发展、去农村探索的年轻人有什么样的寄语？

艾路明：如果现在还有人愿意去农村发展，特别像你这种情况是非常令人感动的，也非常值得鼓励的。但是正如你所提到的，鼓励的方式不应该只是企业和学校的态度，而应该有整套政府的推动机制，以及政府之外的公益机构、公益组织的合力推动。如果对大学生去农村进行制度上的安排，另外还有行政力量之外的公益组织的安排和支持，那么这对于中国农村的发展，特别对这样一些年轻人的发展是有巨大价值的。所以我很高兴看到有越来越多的年轻人到农村去创业，参与到中国农村经济发展的过程中，我相信他们的到来一定会给中国未来的发展带来崭新的面貌。

对这样一批年轻人，我想说的是，要在做事的过程中思考，但是也不要把自己局限在那里，一定要有更广阔的眼光来看待所处的环境、所做的事情。也希望有更多的企业，更多的公益机构来支持、关注这样的事情，以促进社会的发展。

向"以用户为中心"转变

文 林　毅 ▶ 天脉聚源首席运营官

互联网思维是什么？很多人说互联网思维是由雷军、周鸿祎等为代表的一批人提出来的。根据可以查到的信息，在2001年的时候，万卡网的CEO在和李彦宏的一次交谈中问道："你把杂志放到网上让别人看，为什么别人或杂志不能直接做这个事情，非让你去做呢？"李彦宏说："他们会互联网，但是他们缺少互联网思维。"这大概是目前网上可以查到的、最先提出互联网思维概念的人。

但是这个概念在2014年和2015年，特别是在2013年年底，变得炙手可热、耳熟能详。如果大家查百度热词可以发现，这个词从平面媒体到网络媒体迅速曝光，其中当然包括雷军的演讲，也包括周鸿祎的力推，以及用户至上、痛点等概念，但有一个比较有意思的现象是，这个词出现在了中央电视台的新闻联播里。这是极少发生的事情，而且还被央视报道了两次。

关于什么是互联网思维，一直以来众说纷纭，有人做了一些总结。和君资本的赵大伟在他撰写的《互联网思维的独孤九篇》一书中总结说，互联网思维大概有九个方面。在这本书出版了大概一年半的时间之后，又出版了无数同一内容的图书，每本书都总结得不错，包括极致、简约、以用户为中心、大数据、跨界等非常热的词汇。用一张坐标图来表示，横轴是互联网的成熟度，纵轴是互联网影响的深度。互联网的最初阶段只是影响传播，后来影响销售，进而互联网进入了生产业务系统，以至于对整个生产管理流程进行全面改造。这是目前看到的、比较多的对互联网思维和管理影响的一些看法。

有一些人试图从新旧思维的角度来比较互联网思维与传统思维的区别。他们认为，可能根本就不存在互联网思维，只不过是旧东西穿上一层新衣。但是我觉得，互联网思维中的一些关键词，如碎片化、去中心、开放、面向市场、信息由不对称到对称、数据为基石等，实际上都值得大家借鉴。

在学术上，我们也很难查到有关互联网思维的定义。新华网在一些读者的问答中提到了互联网思维，认为当大家围绕新环境、新现象的时候，重新审视世界的一种态度就是互联网思维。所以互联网思维同创新、颠覆息息相关。

再到最时尚的"互联网+"。"互联网+"这个词出自2015年3月5日，李克强总理在《政府工作报告》中谈到《"互联网+"行动计划》，"'在互联网+'的风口上顺势而为，而使中国经济飞起来"，这使得"互联网+"一下子热了起来。在一个学术界的朋友圈里，有人总结了一下，在3月5日记者招待会之后的两周时间里，出版了超过10本提及"互联网+"的图书。这方面的研究也迅速跟上。例如，阿里研究院曾做了一

些研究，腾讯也做过一个调查。腾讯方面的调查认为，"互联网+"主要是互联网技术和理念跟传统行业的融合。至于融合的程度，他们做了一个表，横轴是渗透率，即这个行业互联网运用的程度、工具和理念的渗透率；纵轴是一个比较图，即农村和城市之间的差距。表中显示，电子商务、购物、消费方面的渗透率非常高，稍差一些的行业是房地产，然后是医疗；农村和城市差距比较大，尤其是在交通领域。

我们谈了互联网思维、"互联网+"，但所有这些都不会跳出经济学、管理学和技术方面的基本规律，所以我想分享一些最核心的东西，以便抛砖引玉。

首先互联网思维、"互联网+"在技术层面有几个逃不开的话题：摩尔定律、麦卡菲定律。这些规律大致不会变，我们看到的互联网现象、流量思维、用户思维等大致都跟这些规律相关。

其次是经济学规律。经济学规律中很重要的一点，也是所有经济学里最有特色的词汇就是"边际成本"。曾经有美国学者到中国来考察制造业的互联网思维，他们去访问海尔，问张瑞敏传统企业和互联网思维企业的区别是什么。张瑞敏回答得非常好，他说传统企业是边际效益递减，直到减为0，企业就不能再扩大了，你得再开辟一个新的领域。互联网思维是边际效益递增，所以两个完全不同。那么为什么一家企业在使用了"互联网+"，或者拥抱了"互联网+"之后，这家企业就会变成爆发性的公司？实际上这是因为边际成本的快速下降。15年前凯文·凯利在《新经济，新规则》一书中提到：无形的东西最终将胜出。无形的东西包括比特的数字、软件、数字化的媒体等。因为它的复制成本为0，所以边际成本为0。

阿里研究院在2015年3月5日之后用了不到20天的时候迅速出版了一本名为《IT到DT》的图书。该书提到："互联网+"的驱动力根源有两个。第一是基础设施。这几年，云计算、移动通信和智能手机的成熟度前所未有地提高了，这是技术驱动力。第二是生产要素。生产要素跟经济规律相关，在人类社会的变迁过程中最早是农业社会，然后是工业社会，现在是信息社会，不同的社会有不同的生产要素。农业社会的生产要素是劳动力和土地，那是关键的生产要素；工业社会的蒸汽机意味着能源最重要，所以能源、资本是生产要素；到信息社会之后，知识工作者和数据正在取代能源和资本成为新的社会形态里的生产要素。当这些东西成为新的生产要素时，整个社会就面临着变迁，它驱动着所谓的"互联网+"。

当然，这里还提到新的社会分工体系，亚当·斯密说劳动分工导致复国论。新的分工体系是什么？当这个社会能够通过移动设备使你进一步个性化，按照时间来区分你的性质的时候，你就可以有社会分工的进一步完善。举个例子，你下班时打了一辆Uber，这位Uber司机开车送你回家时，他的工作角色是驾驶员。但他白天上班的时候可能是企业的CEO，是企业的程序员，也可能是产品经理。以前就很难有这么细的社会分工，这是供给方面，同时需求也碎片化了。溯本求源，这些东西驱动了所谓的"互联网思维"和"互联网+"的出现。

如果生产要素已经变化了，从能源、工具、资本转变成为知识的时候，我们该怎么变？怎么突破？为什么现在有这么多的管理咨询公司来做培训？或者为什么有这么多的图书在写"互联网思维""互联网+"？因为他们知道有人对此感到困惑。

创新的突破也是有理论依据的，《创新者的窘境》是最近提的最多的一本书，我想把我理解的互联网思维和"互联网+"如何驱动一个企业的管理创新分享给大家。

在管理学领域，最近七八年有几个风潮，一个是来自加里·哈默尔的《管理的未来》。传统的管理理论受到新的、特别是信息社会、互联网时代的挑战。他提到，由于全球化的发展，企业如果专注于运营创新的话，很多工作会被外包，最后真正由自己运营的部分越来越少，运营创新无法使你长期保持竞争力；产品创新则具有一定的竞争力，但是人们总是绞尽脑汁地绕开；在战略创新方面，如今解构的速度前所未有的迅速。例如，Uber就是一个模式创新，但是又有多少Uber这类的创新企业出来？因为新的商业模式、新的战略很容易被解构，解构之后就会被模仿。

另外，一些管理大师，如德鲁克认为，互联网根本性的东西是消除了距离。这是我特别喜欢的一句话，但我没想到德鲁克在2004年前后的时候就已经能够谈这么远之后的一些事情。张瑞敏说互联网主要有两个特点，即所谓的互联网思维则是零距离和网络化。

基于这一点，我给大家提出一个模型，叫做传统思维是以企业为中心。由于互联网消除了距离，使得新的思维模式是"以用户为中心"。但这里所说的"以用户为中心"，并不是说有了互联网才有了"以用户为中心"的思维，实际上，这种思维很早就有了，但是互联网使这种思维前所未有的顺畅。我引用德鲁克的观点：以企业为中心，企业的目的不是挣钱，或者说不仅仅是为了挣钱，企业的唯一目的、最重要的目的应该是创造客户。所以企业有两件事要做：一是营销，二是创新。企业为什么要做营销？因为企业如果不卖东西就不能创造客户；企业为什么要创新？企业如果不创新，竞争对手比你做得好，客户为什么要用你？

理解了这个概念，在管理角度有两个维度：从内部看组织怎样运作，从外部看企业和企业以外的机构怎么合作。企业以外的机构可以是供货商、分销渠道、服务提供商。按照这个模型，以企业为中心的思维模式就是，我做营销、做创新，就是要把产品包装和定位，做生命周期管理，让产品尽快卖出去，让返修率很低，让用户不要再来找我。而创新就是搞研发实验室，要专利，要使用创新竞争理论。组织上，更多的是把企业搞稳定，所以要进行交叉管理的流程控制，要管理KPI。对外，则会考虑采购自己不能制造的东西，卖不动的产品要分销，要进行外包。这大概是"以企业为中心"的思考。

但是今天我们回头来看，当我们从工业社会过渡到信息社会的时候，刚才所有的维度全都受到了挑战。先看营销，以前"以企业为中心"的话，生产东西卖到企业属于B2B。现在的挑战是，客户只想要他的产品，这是B2C。互联网发展之后，经济学上出现了一个概念叫作长尾。十年前，克里斯·安德森写过一本书叫做《长尾理论》，后来又写了一本书名叫《免费》。书中介绍，所有东西围绕的其实是一个经济学基本理论，就是从短缺经济到富饶经济，这些对以前所有的营销理论提出了很大的质疑。

在创新方面，以前说创新一定要有高品质才能实现差异化，所以之前有很多管理理论，比如六个西格玛、黑带、品质管理等。互联网公司有一句话叫做"永远都是迭代"，这两个词天生就互相打架。以前说产品一定要精准，现在说不仅要精准而且还要按需。美国最近有两个学者提出新的竞争理论，这一理论挑战了波特的竞争理论。波特认为，只能从三个方面来竞争，要么差异化，要么低成本，要么专注化。而他们提出的竞争理论则是在新的环境下，由于互联网的影响，可以全面竞争。

在组织结构方面，以企业为中心的管理思想实际上多多少少受到当年福特主义的影响。后福特主义时代，面对流水线的工人，企业只是花工资买来了他的双手，却没有用到他的大脑。现在，当我们进入信息社会，知识工作者越来越多，怎么组织？传统的奖惩制度是否最合理？

关于企业的边界方面，罗纳德·科斯在《企业的性质》里做了定义，企业总是要扩大，扩大到内部的成本比外部采购的成本还要高时，企业就不能再扩大了。但在互联网时代，情况截然不同，克莱·舍基在《人人时代》里写道：互联网正将构成群组的成本大幅度降低，以前成立一个律师事务所，我们需要租办公室，弄传真机，注册邮箱。以前我们进行文件管理，就需要服务器、文件传送等。但今天微信群就可以解决百分之七八十的工作，所以人们构成群组的成本大幅度降低，企业不仅有高斯天花板，还有一个高斯地板；企业不能太小，太小没有意义，这都说明以企业为中心的思维在受到挑战。

互联网消除了距离，消除了企业到用户之间的距离，所以当新的互联网时代到来的时候，我们不仅要在技术上拥抱"互联网+"，最终还要在思想上拥抱"互联网+"，就是把前面涉及企业的地方换成用户。在营销时，我们考虑的就不再是如何使产品怎么让用户感觉好，而是想要用户真的感觉好。创新的时候，除了自己的研发很重要，用户的思想、能力和借鉴也很重要。

在管理企业时，如果不是过多地看企业内部，而是更多地看企业外部，你发现很多复杂的管理问题会简化。最近出现了很多类似去中心化的新理论，主张应该把企业的中层全部开掉。为什么以前中心化会存在，现在又要开掉？这是因为以前需要上传下达，但是互联网加速了透明化，企业不再需要一个中层。当用户满意变成检验真理的唯一标准时，你的组织就在简化。

在企业的边界方面，以前采购要很明显地区分我是供应还是分销，但"以用户为中心"来思考，你就会发觉很多事情豁然开朗。实际上，你要追求的是用户的无怨无悔并为你尖叫，粉丝为你的产品叫好，而且不需要你去做广告。

创新也不是闭门造车，或是一招制敌，更多的是无处不在的创新，例如海尔"创新中心"的故事，全世界是它的实验室。市场是资源，企业不可能做所有的事，但当你"以用户为中心"的时候，你就会考虑企业的边界是模糊的，就会有无边无际的企业。在组织方面，当我们不刻意去管理、不刻意去追求控制的时候，反而能达到无为而治的状态。

最后我想引用一段话："所谓互联网思维，对大多数企业来说，可能并不是搞一个关于互联网的加号，不是多做一个网站，更不是多做一个APP，也不是运营一个微信公众号、天猫店，多搞一个社会化的营销团队。相反，互联网思维恰恰是一个减号，减号的意思是去除，减掉一切与最终用户直接沟通的障碍，减掉层层加价的中间渠道，减掉组织多余的层级架构，减掉一切可以外部化的低效的内部交易，减掉核心能力之外的所有欲望冲动，减掉基业长青的春秋大梦，回到初心，轻装上阵，也许就是互联网思维了。"

创业前辈经验谈

创业其实只是一种生活态度、一种人生选择而已。就像有的人选择去流浪，有的人选择当公务员，有的人选择去做学术，无非都是选择而已。选择并不是最要紧的，最要紧的是一旦选择了开始，就要有一套逻辑强烈地驱使你一生都按照这个逻辑去做。

做好从山上掉下去的准备

文 冯　仑 ▶ 御风投资控股有限公司董事长

今天我来分享一些与创业有关的话题。说真的，以我和阎焱现在的年龄，一谈到创业一不留神就"堕落"成青年导师了，我觉得这是一个很危险的活儿。所以，接下来我要和大家一起聊一些"不导师"的事儿。

创业是一种生活态度

最近这段时间，创业的热闹事儿非常多。而关于创业，我其实一直有一个体会，就是现在大家谈创业，反倒有点像是谈爱情，好像不谈都不好意思似的。但是我希望大家都别忘了，很多人都是谈着爱情走进了婚姻，结果又一不留神嫖了娼，犯了错误。在我看来，创业其实是一种生活态度，是一种人生选择而已。就像有的人选择去流浪，有的人选择当公务员，有的人选择去做学术，无非都是选择而已。但其实我认为，选择并不是最要紧的，最要紧的是一旦选择了开始，就会有一套逻辑强烈地驱使你一生都按这个逻辑走。就像选择了公务员，习主席说：手不能乱来，当官就不能发财；觉不能乱睡、床不能上错；嘴不能乱吃，不能吃错地儿；话不能乱讲，更不能讲错话；还要懂规矩等。这就是公务员的逻辑，选择了公务员就等于选择了少谈恋爱、少吃，还要多看、多听党的话。

所谓创业，往高了说叫创业，往低了说叫折腾，往俗了说就叫做买卖、做生意，只是一个词儿而已。我们现在说的创业，其实是一种人生态度，是一种在不确定的条件下和不确定的过程中去追逐心中确定梦想的人生态度，也是一种人生活法。这种不确定性体现在：什么时候能抓住梦想，是否能成功，周围的人能不能帮助你，不确定；这件事能不能赚钱，不确定；什么时候会倒霉、会哭，也不确定。最近有一个广告，写的是："老板不哭。"这条广告很火，因为对于老板而言，所有的这些事都是不确定的。

突然想起一个与我有关的特别有趣的事。那时我很落魄，走在海南的街上。我问旁边的人，我说你看我现在像什么？他说："你像一个落魄书生。"我说："不对，我看我像一个一定能挣大钱、但现在确实还没挣到大钱的人。"我讲这个故事是想告诉大家，其实人生中大部分事情都是不确定的：最初能不能拿到投资，不确定；一开始会不会有客户，不确定；起初创业怎么记账，可能也不太会；另外产品如何生产，能不能达到生产标准，也不确定。总之，我们都有一个不确定的人生，但是你心中的梦想必须是确定的。

说了这么多不确定，其实马云的人生也有很多不确定。阿里巴巴十周年的时候，在座的很多企业家包括我在内都去了。那天，我旁边坐了一位我们都挺尊敬的前市委书记，当时我们都不明白书记为什么不坐前排，却选择后三排。后来阿里巴巴的人告诉我们，这位嘉宾是书记，但更

是朋友。为什么是朋友，我们都若有所思。活动结束后我们到另一个地方喝茶，书记讲了一段故事，我们才明白：当年马云也就是所谓的"十八罗汉"在湖畔花园创办了阿里巴巴公司，当时他们有一个梦想是确定的，那就是让天下没有难做的生意。当时"不确定"的书记带着班子成员来参观，他问马云："你们做电子商务赚了多少钱？"马云说："大概赚一百万元。"大家都面面相觑，你看我，我看你。书记问："你们信不信，所有人都不敢说不信，但是心里是不信的，只是嘴上不好意思说。"后来书记说："我信。"这给了马云非常大的鼓励。后来阿里巴巴成功了，自然对书记曾经的支持非常感念。其实，阿里巴巴能否成功本身带有很大的不确定性，不到最后一刻，谁也不能真正确定阿里巴巴是否能在美国上市，但是有一点，马云创办阿里巴巴的梦想是确信的。所以只要你开始创新、开始创业，那么就等于是把你的人生放在了一个不确定的位置上。

前段时间，我在湖畔大学跟湖畔的学生讲故事，突然有一个学生问了我一个问题："为什么你讲的人很多都'进去了'（出事被抓起来了）。"虽然我不得不承认，但我更想说，每个人在创业的时候，会有很多结果不在他们的确定范围内，他们一定也不会想到自己会"进去"。创业这件事非同小可，因此不要轻言创业，除非你已经充分准备好迎接一个不确定的人生。

近年来，房地产生意越来越不好做了。最近我碰到了一些房地产老板，他们非常悲哀地跟我讲了一些事情，其中提到银行现在对房地产公司的老板、法人代表多了一个"潜规则"：公司办理银行贷款时需要提供结婚证，法人需要承担无限连带责任担保。也就是说，老婆不仅要同意、证明你已婚，而且还要同意拿家里的财产、婚内共同财产做连带担保，同时还要把强制《执行通知书》做好放在律师那儿，这还不够，还需要录像。很显然这样的贷款程序就使人生增加了很多不确定性。比如，万一没处理好，一笔贷款黄了，那么你的财产可能一下子就没有了。因此，我认为在创业路上，如果你准备好一生将在不确定中度过，在不确定中去追求确定的梦想，同时还敢拿出勇气，付出毅力和挑战，以及万一失败了还敢跳楼的决心，那就没问题。说到跳楼，其实我总在想跳楼的人确实很有勇气，他用生命把自己一生的承诺都兑付了。亚布力论坛在温州举办的那年，当时温州的书记在发言致辞中这样讲道："民营企业之所以可贵，就在于敢承诺和负责任。当他还不起钱的时候，他就拿生命抵了债。这样一种对待生命的态度，其实就是创业的态度。选择跳楼不能说他不负责任，而选择'跑路'才是真正的不负责任。"

我反复跟大家强调不能轻言创业，因为一旦创业就等于要准备迎接一生的不确定和颠沛流离。作为已经创业多年的我们经常形容自己的状态为家破人未亡、妻离子不散、苦大没有仇。我们很多朋友都离婚了，我们管那叫家破人未亡，前妻现夫都健在。这就是一个真正的生活状态，这就是所谓的创业要面对的真实人生。当然，这种人生也很过瘾，特别是对男人来说。因为征服、挑战、成功这些都是男人特别喜欢的状态。当你去攀登珠峰的时候，就必须要做好从山上掉下去的准备；当你有勇气选择走创业这条路的时候，就必须要做好牺牲的准备，因为这些都是连在一起的。

坚持创业其实是个小概率事件

最近创业特别火热，但我发现真正准备去做的人并没有那么多。我们公司也有很多年轻人想要创业，我都很支持他们。他们需要资金支持的时候，我也适当资助，有时还给些机会让他们去折腾。但非常有意思的是，他们中十之八九都在创业路上因为害怕和不确定而退回来了。在这里我想给打算创业的人提两个建议：第一，想创业先别结婚；第二，想创业先别买房。之所以这么建议，是因为：我发现只要有媳妇和房子的人在创业路上几乎都中途退回了。结了婚、买了房之后，假如一个月挣三万元，房贷可以正常供下去，孩子也能正常上幼儿园。但是一旦创业，不仅工资没了，还要在外面借钱，不仅房贷没有保障，孩子恐怕也只能上很差的幼儿园。我有一个同事就是这样，起初跟老婆博弈说他出去借别人的钱创业，他老婆开始还说行，后来又变卦了，他拗不过老婆。因为几乎每个老婆都有一个厉害的"撒手锏"，那就是离婚。结果最后他又回来继续在公司打工了。

最近看到一位在互联网江湖很资深的哥们写的一篇短文，他在文章中说："混了十年后感觉跟十年前差不多，甚至还不如那些没他资深的人。他看到那些选择创业的人有些公司已经上市了，有些已经拿到了B轮融资。买股票的该套现的也都套现了，都很厉害。可是他又从创业路上折回去继续打工了。因为他当时买了房以后欠了二百多万元房贷。他们每次创业都只想快速成功，但是只要觉得不行了，就赶紧找一个公司打工把房贷先续上。因此，他总是把握不到好机会，也没能坚持到最后。他就是选择了确定性，而一旦选择了确定性，创业这条路就没法继续走了。

我有一个朋友最初给老板打工，卖医疗器械，业绩很好。老板看中他的能力，还非常好地资助了他一些资金和股份，鼓励他去创业，但是那次他没有成功。就在他低落的时候，爱情降临了，于是他结婚娶妻了。丈母娘给的四十多万元原本是让他们买房的，但他因为首次创业不成功而有些不服气，就跟媳妇商量说能不能先不买房，而是用这个钱再次创业。他老婆很支持他，只是叮嘱说别告诉家里，于是他拿着这些钱再次创业成功了，当然也买了更大的房。半年前我见到他时，他跟我说，当时他的创业出了点儿问题，房子恐怕还得卖。我问他，你媳妇会同意吗？他说，她相信我下次还能买得起房。他选择的是创业这条不确定的路，但他对不确定的事总有信心。因此，我认为选择创业非常重要的一点就是要说服自己、说服太太、说服家长，告诉他们你要开始做的是一份真正有挑战性的但是又充满不确定性的工作，虽然过程可能是不确定的，但梦想是确定的。这就是我要讲的第一个体会。

人是创业成功的核心要素

每个选择创业的人自然都想成功，但究竟如何才能成功呢？其实我也在琢磨这个问题。最近，我无意间发现了国外一个专门做投资且有资格统计创业成功与否要素的统计结果，现在分享给大家，其中提到的要素包含了四个方面：一是所谓的风口，也就是时机，在正确的时机内做事成功概率会高很多；二是创业者和团队的能力；三是商业模式；四才是资金。资金之所以排在最后，我认为是因为相较于前三方面的捉摸不透，一件事需要多少资金能够完成是最确定的事，今天我着重与大家探讨前两个方面。

创业究竟是早了好，还是晚了好？这就是我要讲的第一方面——风口时机问题。早了14岁娶媳妇也当不了爹，晚了80岁还是处女也不值钱，这些都是很难把握的，因此一定要把握好时机。

当年我们那批人创业成功，其实有点儿"时无英雄，遂使竖子成名"的感觉。1991年我们开始做房地产时，其实并不像现在的创业者那样懂这么多，接着，邓小平同志1992年南方谈话，1993年就遇到了海南的房地产泡沫，于是当时的这一批人都做起来了，那个时候就是时机好。所幸的是这个时机刚好提前了一年，要是晚两年恐怕就会有好多人要跳楼了。因此时机这个问题，真的不是想踩对就能踩对的。再比如说马云，他当年刚开始做电子商务时，应该也没想过用户数量、支付途径和范围，以及物流行业能进步这么快。记得在一次小范围的饭局上，一位金融教授问马云如何把阿里巴巴布局得这么好，既有电商、支付方式，还有物流、软件等。这一问倒把马云问得愣了一下才说道："其实当时没想那么多，只是为了活着。"更多时候当时机来临之际，我们可能根本就不知道这是时机。今天我们常说互联网时代来了，这个时机到底算正好，还是早了或晚了呢，没有人能确定，但是能确定的是一辈子能赶上一次好时机就已经算是幸事了。

最近我开玩笑把新经济和包括PE（Private Equity，私募股权投资）在内的资本市场追逐比喻成"五大美女"加"一个老妖精"。"五大美女"指的是互联网、云计算、人工智能、基因工程、大娱乐大文化；"老妖精"指的是一直都在但这两年突然妖娆起来的当下很火的军工。每每遇到新经济我就戏谑说："我也年轻过。"因为当年房地产火的时候，跟今天的互联网一样也是"小妖精"。当时很多人都不知道房地产可以赚钱，甚至不相信盖栋楼就可以赚钱，幸运的是我们把握住了这个时机。总体来说，时间和时机并不是一直等在那儿就真能让人把握住的。但马云做到了。他坚持了15年，最后终于把握住了好时机。功权（王功权，"万通六君子"之一，知名投资人）那些年投资互联网时，我们就探讨过这些问题，他说中国互联网有三件事解决不了：第一，用户数量太少，大家都还没有习惯；第二，网络支付不行，国内的银行不知什么时候才能进行网上支付；第三，物流企业不行，交通工具落后，骑自行车做物流怎么行呢。就这样很多事被他拒绝了，没有做，因此等时机到来的时候，他也就不在场了。

能力决定成败

商业模式，其实与第二方面创业者自身及团队有着很大的关联，也许不同的人对商业模式的选择和偏好有所不同，但我认为这四方面的核心都是人。同机器人一样，我把人也分成了硬件和软件，硬件虽然不可或缺，但软件才起决定性作用。换言之，一个人长得高、长得帅，并不完全取决于他身上的肌肉有多少，而取决于硬件以外的价值观、情商、与人沟通的能力或者借钱的时机是否正确等软件。

我印象中就有这么一个不会借钱的人。曾经有一次我被误诊为癌症，差点被截肢，在我做手术前一天还有人来跟我借钱，当时我抡起拐杖抽他的心都有，很显然他选错时间了。这就是我要讲的第一点，借钱的时机很重要。第二点，借钱的姿态也很重要，来借钱还居高临下，指着鼻子说你必须借给我，这样的人来借钱你能借吗？第三点，借钱的理由和过往的诚信记录也很重要。

李嘉诚当年创业的时候，比他钱多的企业家有很多；比尔·盖茨做微软的时候，比他钱多的企业家也很多；马云刚创立阿里巴巴的时候，比他钱多的企业家也多了去了，但为什么那些人后来都落后了，而换成他们登上了首富榜呢？如果创业是否成功是由第四个方面资金来决定的，那么应该是有钱人永远领先，后来再创业的人完全没有机会才对。但事实并非如此。所以能否成功很显然并不是由资金来决定的。因为曾经地球上谁都没钱。因此我认为创业能否成功面对的最大挑战，其实取决于创业者的价值观，即创业的初衷、与人沟通的方式、做事的方法等。

很多时候，细节决定成败。众所周知，相较于李嘉诚，他太太家的条件比他要好很多。但假若他在太太家很大牌，比如，把腿跷到桌上、吃饭不洗碗、见人也不问候，应该也就没有后面的种种佳话了。后来当我有机会见到李嘉诚的时候，也亲自感受到了他除了钱以外的其他超能力，为此我还专门写了一些感想，今天我跟大家分享一下。大家想象一下，以李嘉诚的地位，我们要见这样的名人，应该是一个怎样的程序呢？按照江湖上的俗规应该是：第一，一出电梯肯定看不见这个人；第二，等他进来的时候，大家都要站起来鼓掌；第三，如果他比较亲和，可能会和大家握个手，如果不友善的话，可能就会挥一挥手然后坐在主位上；第四，一般不可能给大家名片；第五，吃饭时一定坐在主桌；第六，多半都会提前走；第七，照相应该会站在中间。这些都是我们见大人物的标准程序，但见到李嘉诚以后，我发现这些程序全错了。因为当时我们一出电梯，李嘉诚老先生就和我们握了手，要知道我们这些小人物平时习惯了弯腰，突然发现有长辈这么谦和地来接待，突然被大人物尊重，因此非常感动。更重要的是他还亲自递给大家名片，而且还专门强调说是真名片。紧接着就有服务人员端着盘子，让我们抽取照相站位的号码和吃饭的桌号。李嘉诚用这些细节，把彼此的差距、内心的差别都消除了，让大家不再有高低尊卑的不平等和尴尬。甚至在语言方面，他普通话、广东话、英语三种语言都讲，充分考虑到了我们的地域差别。

印象最深的是李嘉诚讲的这么一句话："建立自我，追求无我。"建立自我指的是人生要不断奋斗，不光要立业，还要把事业做到更强大，强大到可以站在领域的最高峰。但同时这也是一个自我膨胀的过程，因此还要追求无我，也就是说在事业达到高峰的时候，做人不要让大家感觉到压力，不感觉到自我的存在。如果我们一进来，市长表现出的是一种很亲热、很平和的状态，我们就会很放松，说话也会很自然。但如果市长一直绷着脸坐着，我们也就会很谦卑、很拘束。虽然我们嘴上还要继续吹捧市长，但心里一定很不安、也不舒服，毕竟我们都是俗人，也希望被尊重。在吃饭的时候，我才发现四个饭桌每一桌都多放了一副碗筷，李嘉诚老先生在每一桌都坐了15分钟。李嘉诚这样周到的做人，让所有人都没有厚此薄彼的心理感觉。活动结束以后，李嘉诚又跟每个人握手并送到电梯口，就连对待服务员，他也很亲和地握手。这就是能力。

因此，创业其实也是对创业者自身钱以外的能力的考量，这些能力既包括价值观、人生观、世界观，俗称"三观"，也包括对钱的看法、对亲人的看法、对是非的看法、对一些事情进取得失的看法等，而这些很重要的能力往往决定了人和人的差别。我们在生活中经常看到"好汉没好妻，懒汉娶花枝"的现象，可见就算是婚姻也不能单纯靠外表来决定。"懒汉"能娶到"花枝"，充分说明懒汉情商高，他有勇气让"鲜花"插在"牛粪上"，这就是他除了相貌以外的能力。而我们往往在创业时太过注重金钱、风口和商业模式，而忘了培养和提升自己除了金钱以外的能力。

我们五六个朋友在早期创业借钱的时候，其实也证明我们的情商还行。我们从3万元借到5万元后来一直借到800万元的时候才赚到钱。但是那时我们借钱的态度特别好，也都非常认真地向借款人解释。印象最深的是有一次我们去借钱，介绍借款的中间人怕我们不会借钱，还专门让我提前一小时到他家去试讲借钱的理由，以免我讲砸。还好当年我做过老师，做老师最大的优点就是不怕烦，同样一件事反复讲依然有激情。在那位朋友家，我试讲了四五十分钟，他又帮我点拨了一下，于是去北京海淀香港美食城找借钱人演讲，最后成功了。

柳传志最近谈感悟讲到："做大事的人永不抱怨。"我很感动，也很认同。的确，人生没有抱怨、没有埋怨也是一种能力。中国近代红顶商人胡雪岩经常讲："一个人不站起来自己不舒服，站起来别人不舒服。"当一个人不站起来时，自己不舒服，但如果站起来又不追求无我，别人就会不舒服。因此，如果把李嘉诚和胡雪岩的两句话结合起来付诸行动，那么创业中一大半除了金钱以外的能力就具备了。

除了价值观、情商，创业还有一个最大的挑战就是毅力。毅力，用咱们老百姓的话说其实就是"死扛"，说得再高深、再文雅一点就叫"境界"，这几乎是所有创业者都经历过的。但是我一直在研究为什么有些创业者能够死扛到底，而有些人则不行呢？为什么信教的人相对能扛得更久些，而不信教的人相对比较差？我50岁那年去台湾骑单车环岛，骑了9天共1100公里。我以为自己已经挺厉害了，结果在骑行路上我碰到了一位中年妇女，她边磕头边走，令我吃惊的是她身上只带了一瓶矿泉水。我当时不太懂，为什么大热天她要这样，后来才知道她是在环岛磕头，也就是俗话说的"拜拜"。正是因为她内心有坚定的信仰，才能在大热天坚持环岛磕头，这就是毅力。苏轼的《晁错论》中有一句话："古之立大事者，不唯有超世之才，亦必有坚韧不拔之志。"也就是说，一个想要成就大事业的人，不仅要有超凡脱俗的才能，还要有明确的志向、信仰、梦想、价值观和坚韧不拔的毅力。当一个人开始执著追求信仰的时候，对痛苦的感觉就会减弱；反之，任何一种痛苦在你的神经元上都会被无限度放大。

创业最麻烦的其实是建立价值体系，只有建立了价值体系，才能更好地追求与坚持梦想和信仰。这么多年来，每当我遇到困难和麻烦的时候，我总是很淡然地说服自己："没事，再扛段时间就好了。"其实天下的事，说到底其实并不是比谁有多聪明，而是比谁有多能扛，而且还需要按照一个方向、一个目标、一条道路执著地去扛，所谓"铁杵磨成针"就是这个道理。

中国是一个人情社会，和美国不太一样，所以中国人做生意其实很讲究方法。最近我发现，现在在做互联网的人跟我们当年创业时的逻辑其实是相仿的：我们是先入江湖，后学做生意，最后才听说过电子商务；而今天的年轻人创业是先做生意，后懂电子商务，再才是听说过江湖。虽然逻辑相仿，但是顺序不一样，这就决定了在处理一些事情上的方法也不一样了。其实在创业中除了能力外，还有一些很重要的方法，比如怎么跟人相处等。以前老一辈经常教育我们要后半夜吃肉，其实也不无道理。下面我来跟大家解释一下什么是"后半夜吃肉"。以前大家都很贫困，如果你住在胡同里，上海叫弄堂，半夜吃肉别人就会闻到，别人闻到后就会扔砖头，因此老一辈就教育孩子要后半夜吃肉，这就叫做"低调"，也是中国人的生存办法之一。胡雪岩曾说过："人要前半夜想想别人，后半夜想想自己。"也就是说，不管你扮演哪个角色都需要站在别人的角度去考虑考虑，让别人舒服。这就是方法，是抛开金钱以外的本事和能力。在中国做生意如果不讲究办法，就很容易事倍功半。但凡是成功人士，他们在人与人相处中至少都把握了"让别人舒服"的原则。因为你让别人舒服了，别人才会让你舒服。中国人有许多沟沟坎坎但又有非常重要的小技巧和小方法。它们存在于比如吃一餐饭、见一个人、处理一个危机等中，往往是决定你能否成功的关键因素。另外，如何给人面子也是一种技巧和方法。关于什么是面子，我曾经专门问过一个美国人，他的回答是："你的行为使我备感尊重，这就叫面子。"亚里士多德曾经说过："中华民族是一个戏剧化的民族，中国人始终是按台词在生活，所以才经常有'下不了台'的说法。"中国文言文中的敬语繁多而复杂，但这些敬语其实就是把别人抬高，让别人在台上按照戏剧脚本行走，这就是"中国功夫"。关于"中国功夫"，我推荐大家看20世纪二三十年代传教士和西方记者在中国写的书，他们对中外文化的差异以及中国人讲究面子等都写得非常到位。

这就是我想讲的第二方面，应对创业这种不确定的人生，最重要的是要很好地掌握这些金钱以外的本事，包括毅力、梦想、价值观、信仰这些"中国功夫"。只有这样，在创业这条路上，不确定的人生才可以做到游刃有余。

【互动环节】

问题1：在今天见到您之前，我一直有一个疑惑：为什么看冯董写的书会觉得特别有共鸣，毕竟您和我们年龄有差距、成长有差距、经历也有差距。到今天我才明白，原来我们都是"80后"。今天我想问您两个问题，一个是"正经"的问题，一个是"不正经"的问题。先问"不正经"的问题吧。虽然我自己不炒股，但我身边的很多朋友现在都有一种被大盘"调戏"了的感觉。冯董，从您的角度看，很多人希望从大盘中赚点买菜的钱甚至翻身养家的钱，可行吗？

再问一个我个人比较关注的"正经问题"：现在无论是总理还是老师及长辈都鼓励我们创业、创新，"创业、创新"俨然也已成为了一个潮流话题。但从我个人角度来看，正如冯董所言，理想就像一座山，看着近，实际上远；虽看着不高，但爬起来很累。而且很多人也说：现在时代变了，以前创业经营成本低、土地成本低、从无到有的机会多，可现在整个时代背景与以前存在着很大的差距。因此我想请问一下冯董，在大众创业、万众创新和"寒门再难出贵子"相矛盾的观点中，如何才能使它们擦出火花来？

冯仑：首先纠正一点，当今市场以互联网为例，放眼望去几乎全是"寒门子弟"在折腾，我相信阎焱以及其他几个基金机构投资的绝大部分也都是"寒门子弟"的企业和项目。BAT三个大型互联网公司的老板都是出身"寒门"，他们直接或间接投资与他们有关的企业大概也有一千家。因此事实证明，中国现在是最好的创业时代，而且从互联网行业来讲95%以上都是"寒门子弟"。另外，我认为你的思维里有一个障碍总在阻止你去创业，真正创业的人是不会去分析你刚才所说的那些事的，你喜欢、愿意、去做就好了。好多年前，有一次我在华尔街碰到黑石集团的老板，他也是我的一位大哥，我当时还和他说中国的机会很多，你要不早点回来就来不及了。让我感触特别深的是，他当时只淡定地回答了我一句："对我们来说，永远没有迟到。"也就是说，他们更多的是要创造机会，而不是谨小慎微地到处去寻找机会。从那以后，我都非常自信。因为我坚信我也能创造机会，对我来说也没有迟到，只要我愿意去做，任何时候都是好时机。

至于炒股，你刚才所说的这些本身有其客观性，但我认为你的想法也有碍于创业，因为创业的人从不看这些。一天两天的幸福并不能决定一个人一生的幸福，如果股票能决定一个人的幸福，那幸福就命如纸薄了，所以如果想创业就一定不要做这些分析。谢谢！

问题2：我想请教您一下，"互联网+房地产"这个发展思路是否可行？

冯仑：首先，我要告诉你一个好消息，互联网的兴起与应用给房地产增加了巨大的机会。别的先不谈，光是房地产公共空间总量的需要，也会导致住宅需求的增加。以前我们一辈子能认识多少人，但现在有了互联网，我们可以通过各种途径认识很多陌生人。最典型的是陌陌，你跟陌陌上的陌生人交流甚至投缘了还可能成为朋友，从虚拟网络走向现实生活，比如吃饭、住宿等所涉及之处它都在为你服务，与此同时占用商业不动产的时间也就增多了。

其次，互联网兴起后，人们宅在家的时间相对就多了，久而久之难免会对空间有更高的要求，于是咖啡厅等商业公共空间对人们的吸引越发明显。其实大家都清楚客户并不是真的冲着咖啡、甜点去的，而是因为咖啡厅的环境、空间可以满足客户大到谈商业计划、见天使投资人，小到约会，中到吃饭，外加打个盹儿的需求。互联网的快速发展带动了房地产的发展，也使商业的公共空间明显增加了。那么关于互联网如何改造房地产，我简单讲四个方面。一是产品和制造商到产品之间的通路方面，现在国内市场已经做得非常成功了，如房多多、途家等公司的估值和市值也很高。二是室内的智能家居方面。互联网企业目前几乎都在智能家居方面展开竞争，未来智能家居将逐渐取代传统家装行业，未来的精装房将可能不是由家装公司来装修，而很可能是由互联网公司来完成。三是社区电商很可能将取代物业公司。其实，现在我们生活中已经不需要物业公司了，传统的物业公司所做的包括收电费、水费、修水管等都可以用手机解决了，"彩生活"等社区电商正在或者已经逐渐取代了传统的物业公司。四是C2B（Consumer to Business，消费者到企业）的定制与众筹模式。在房地产开发过程中引入C2B模式，由客户端到制造端，一方面定制，另一方面众筹，不仅能降低房产的制造成本，还能为客户提供更加个性化的住宅，进而提高客户满意度。这四个方面都是互联网对房地产商业模式和行业的改变。

问题3：今天我想请冯老师指导两个问题：第一，如何让我们的大学老师以及大学生获得更快的创业机会？第二，在当前的教育大背景下，如何使大学所传授的理论与线下实业做更好的对接？

冯仑：你提的问题让我想起了一个故事，我就用这个故事来回答你吧。2015年三四月间我随亚布力论坛去硅谷考察，当时在硅谷的一个早餐会上，中学生创业组织的学生侃侃而谈地跟我们分享他们的创业故事。其中有一个男孩开发了一个软件，卖给了美国国防部，大概赚了100万美元。当时我们都震惊了，也很明显地感觉到这些孩子与我们国内教育环境下培养的学生不一样，我总结了三个不同点供大家参考。

第一，自由之精神。所谓自由的精神，就是不论在哪里，学生们都可以按照自己的想法去表达、去做事，而不是东张西望地看别人的脸色。

第二，诚实之态度。除了自由的精神外，还需要有诚实的态度。走向社会后，人的目光就会渐渐混浊，如"变色龙"一般，但诚实的态度是人才所必备的素质。

第三，创造之追求。自由、诚实和创造如果能在教育中贯彻到底，那么即使不用教学生如何结合实际，他们也会明白如何去做。如果学校教育不能贯彻这三条，我们即使强行硬掰也没用。马云当年高考考了三次，如果从传统教育的角度来看，那他并不是一个优秀的人，但他却拥有很强的创造精神，在他的创业过程中，这种执著、追求、毅力就起到了非常重要的作用。马云本人也是认可这些观点的。因此他所创立的湖畔大学招生时会有很多有意思的规定：其中一条就是要有底线、要诚实；还要有创造性，要求学生一定要在工作日上课。之所以不在周末上课，他的理念是，作为一个创业者，最简单的是安排时间，如果连时间都安排不好，那么如何能把创业做好？！

由此可见，自由之精神、诚实之态度、创造之追求是当前国内教育亟待培养的很重要的品质和能力。有了这些品质和能力，我相信学生们自然会有更多的创业机会和实践机会。

创业不是"快餐"

文 阎　焱 ▶ 赛富亚洲投资基金首席合伙人

　　这么多年来我一直在做投资，看到年轻人在创业过程中碰到了很多困难和问题。所以我想与大家分享一下，如何在创业过程中少犯错误，提高成功率。

　　首先，我们回顾一下，人类历史是如何从过去走到今天，又走向未来的。世界进化初期，动物与人共生，后来人渐渐地战胜了动物而成为世界的主宰。历史上统治地球的并不是人类，而是恐龙。在斯皮尔伯格拍摄的电影《恐龙园》中，恐龙体格巨大，牙齿尖利，几乎可以将世界上所有的动物吃掉，但是弱小的人类却逐渐胜出了。为什么？人和动物有什么区别？人类为什么能战胜强大的动物而统治地球？

　　恩格斯曾经说过："人和动物的区别在于，人能使用工具。"但是后来科学研究发现并非如此，自然界中有很多动物都可以使用工具，如加拿大的熊在发现树上有树蜜时会用棒子搅着吃，蜂鸟筑巢时也会使用一些工具。事实上，人类和自然界的动物最大的区别在于人能创造奇迹，发明世界上不存在的东西。正因为如此，最后人统治了世界，而非那些体格巨大的动物。

　　今天，我们每个人都生活在自己所创造的制度环境中。在这个制度环境中，每天大约有99%的人都在做着重复的事情，而只有不超过1%的人在做着前人没有做过的事情，而恰恰正是这1%的人改变了世界，推动着世界不断向前发展。

　　未来是什么？年轻人如何引领未来？在我看来，未来就是各种可能性的组合，有好有坏，比如ISIS（伊拉克和大叙利亚伊斯兰国）是人类的灾难。再如，当人类发明原子弹、产生原子能时，就产生了两种可能，一种是原子能动力为人类带来飞跃性的发展，另一种是原子弹可能会使整个人类毁灭。所以，技术创新是一把"双刃剑"，我们非常希望技术创新能够让世界更美好，而不是走向毁灭。

推动世界变革有两大动因，一是全球化，二是技术创新。这里的"全球化"指的是使人类已经学到的知识和商业模式遍布全球，将人类先进的知识复制到各国。但是对人类最重要的东西，是技术的创新。在这样的背景下，我们来谈谈年轻人最关心的问题——创业。

什么是创业？很简单，就是自个儿干。准确地说，是指发现机遇，并将机遇变成发现商业机遇的过程。一位创业者的企业要想获得成功，通常需要花费十年以上的时间，如中国BAT等大企业，事实上它们已经存在20年了。我有幸在早期参与投资阿里巴巴。现在很多人都在为阿里巴巴和马云所惊叹，但阿里巴巴曾经有一段时间连工资都发不出来。成功是非常漫长的过程，而不是一份"快餐"。

我提一个非常有趣的问题：在路边开餐馆和做中国移动的董事长，哪

个更难？也许每个人都会有不同的回答。但如果回顾刚才我所说的，人类历史发展的变动、推动主要是由创新而来，那你就会得到一个结论：在路边开餐馆一定难于当中国移动的董事长。如果中国移动换董事长，它的业务会有变化吗？没有。假如让猴子当中国移动的董事长也不会有变化，这就叫"猴子商业模式"。从这一角度来说，在路边开餐馆就更难。

什么是创业成功和价值创造？创业成功，并不是说两个退休职工在路边摆摊赚钱，而是指成立持续性盈利并且能够不断成长的机构。通常来讲，创业成功的标志是两个：一个是上市，另一个是被收购兼并。从这个角度来衡量，其实成功的概率是非常小的。

创业公司的价值创造模式大概有两种。一种是1到N的价值创造模式，就是利用人类已知的技术和商业模式，并在此基础上做得更好。中国过去几十年的经济发展，主要走的就是1到N模式，即主要以更加有效的方法，来生产同样质量甚至更好的产品和服务。

而在人类历史上，更为重要的价值创造在于0到1模式，就是指创造人类历史上从未有过的新产品和服务。从这一角度来看，创业成功需要有三个基本要素。

第一，眼光。正如我刚刚所言，创业是指创业者发现机遇并将机遇变成商业价值的过程，所以，能不能先于其他人看到机会是非常重要的。看不到机会肯定不行，看到得太早则会成为先知，但从历史上看，先知更多地成为了"先烈"，而没有成为一位价值创造者。当一个机会被所有人发现时，它的价值也就不存在了。所以，能在恰当的时候看到机会非常重要。

第二，动手能力。把机遇变成商业价值，需要有动手能力。看到趋势和机会的人很多，但是真正把机会转化为行动和商业价值的人却非常少。所以，能够动手的人、喜欢折腾的人，创业成功概率一定比一般人要大。

第三，组织能力。因为创业通常都是一帮人干的，而不是一个人干的，所以组织能力非常重要。我们在这些年的投资经历中发现一个很有趣的现象，很多创业成功者都曾在学校里当过学生会干部，如江南春、马云、陈天桥都当过学生会主席。在这个大学中最没有经济利益关系的组织中，一个学生干部要想说服一些人，需要很强的组织能力和个人魅力，而这些对于一个成功的创业者而言都是非常重要的。

需要明白的是，创业未必是创新，创新也未必能创造商业价值，所以创新与能不能创造商业价值并不完全等同。例如，我们稍微年长一点的人都记得，最早看录像都是通过录像带，后来索尼公司发明了新的录像带，体积更小、密度更高，播出的影像更优质。我们认为这种技术上的创新在商业上一定会很成功，但结果错了，一败涂地。再如，Windows系统有很多毛病，开机需要很长时间，所以人们很愿意用苹果。20世纪90年代，IBM开发了OS系统以取代Windows。很多业界人士都惊叹它的技术和适用性比Windows好很多，但结果OS系统全面失败了。所以，创新未必能创造商业价值，这也是创业比较难的地方所在。

为什么创业成功这么难呢？举个例子，我们都学过数学，在学习数学的过程中有一个很有趣的现象：要证明数学定理存在很难，可是要证明它不存在很容易，只要证明它在一个特定的场合下不存在就可以了。创业很像证明数学定理。我们在漫长的时间里，在每一个重大的商业决策上，都必须做出重要的决定，只要在任何一个环节上做出错误决定，都会导致失败。

关于这个还有一个很有趣的数学定理。在人类社会中，如果大多数自然事件发生过很多次，而且这些事件的发生彼此各不关联，那么它一定遵从大数定理。比如，在座的人中，长相特别美丽的人非常少，而长相特别丑的人也很少，而绝大部分人都是跟我差不多的中等长相。因为人的长相是遵从大数定理的。

但创业，包括风险投资，并不遵从这一定理。例如，一万人创业，并不是9000人都能取得成功。一万人创业共创造了100亿元市值，其中一家公司市值大约会占90%，而80%、90%的创业公司都会失败，它遵从的是幂定律。

我开始从事这行时还不太相信这一定律，但是随着时间的推移，我发现的确如此。我们第一期基金是四亿多美元，当时投了一个比较有名的案例是盛大，20个月中投了4000万美元，到第22个月全部退出时收回了6.8亿美元。但是后来发现，到第二期基金、第三期基金、第四期基金……回报曲线变缓了。投资领域遵循幂定律，规模越大，曲线越平缓，这也是反映整个创业过程的内在定理。

创业是小众事件，通常是某种性格和类型的人才能取得成功。创业者很多都是聪明人。现在许多人标榜，创业一定要辍学，但其实并不是这样，从统计意义上说，读书读得好的人创业成功率更高。没上过高中的人有没有可能取得成功呢？有可能，但高科技方面的机会对其而言一定会越来越少。

世界上第一个来研究企业家精神的人是熊彼特，他最著名的商业理论是"毁灭性创造"。什么是企业家精神和创业者精神？就是指首创精神，以苦为乐，精明理智，拥有事业心。时下创业者的创业动机，大部分不是来自理想和梦想，而是来自对财富的渴望，来自对现状的不满。还有很多是来自同伴的压力，即周围的同事都在创业，如果自己不创业就落伍了。因此，在很多人看来，创业变成了一件很时髦的事情，但这样的创业却是很难持久的。

创业的人并非都是为了梦想，但如果要把一家企业做大做好，与创业者有没有梦想、有没有超越的理想，是有关系的。

统计数据表明，创业成功的年龄是30~38岁，且大部分人不是第一次创业，通常第一次创业的成功几率非常低。现在很多人上大学时就开始创业，并以史蒂芬·乔布斯、比尔·盖茨大学没有毕业的例子来反驳那些劝他们读书的人。这个世界上总会有一些特例，上帝造人不一样，确实有天才的存在，但大部分人跟我一样都是普通人。投资人的梦想是投天才，我花了25年时间寻找天才，但结果却非常令人沮丧，这么多年只投到了一个天才。但是即使你是普通人也一样可以成功，不一定非要走天才的道路；但如果一个普通人走天才的道路，基本上会失败。

创业是非常个性化的行为，失败的原因有很多，那成功有没有共同的DNA①呢？

---

① DNA，即脱氧核糖核酸，又称去氧核糖核酸，是一种生物大分子，可组成遗传指令，引导生物发育与生命机能运作。

所有成功创业的第一个特点是要有足够大的目标市场。正如巴菲特所言，投资其实很容易，找到一条雪道，雪最好深一点，然后在雪道上滚雪球。江南春的企业很成功，很多人就来找我们说："我开发了新的商业模式，江南春将电视屏幕挂在商业楼中，我将它挂在理发店里，这样用户可以边做头发边看广告。"我没有投资。又有人说："把电视屏幕挂在卫生间里。"我也没有投资。最后这两家企业的结果可想而知。

第二个特点是，商业模式的可扩展性，英文是scalability。从经济学上来讲，当达到规模效应以后边际成本增加越小越好；换言之，从曲线来看，当你收入按照一定的曲线增加时，如果成本也这样增加，这个商业模式一定不好。

第三个特点是，要有清晰的盈利模式。现在很多年轻人激情澎湃地讲了20分钟，而当问他如何赚钱时，他说："我们是互联网企业，怎么还要赚钱呢？我们需要烧钱。"我觉得很多互联网的创业者都陷入了一种谬误——互联网一定要烧钱。事实上，我们允许一家企业为了能在未来获取更大的利益而放弃眼前利益，但是如果一家企业不知道如何盈利，那么这肯定存在问题。比如，2015年O2O火热的时候，有很多项目都是十亿元以上的布局，如美甲、剃头、上门按摩。但这些违反人类基本常识的项目一定不可能成功。家是每个人的心灵、身体放松和休养的地方，在家里可以感到心灵的安静和放松。但如果今天一个人背着箱子上门美甲，明天另一个人背着箱子上门修脚……这还能叫家吗？实践是检验真理的唯一标准，但在创业过程中，实践并不是检验真理的唯一标准，还有理性和常识，这是检验创业投资的标准。如果违反常识，违反逻辑，那是不可能取得成功的。

第四个特点是，要有核心竞争力。为什么中国餐馆这么多？中国遍地都是餐馆，就是因为中国特色的饮食非常难以做到有特殊的竞争力。

第五个特点是，现金为王。如果去读MBA，老师一定会讲两件事：一是奉献和回报一定是同步的，二是"现金为王"。这里"现金为王"指的是现金流，并不意味着天天背着一大包现金。在互联网高峰的时候，我们投资了很多失败的公司，总结后发现90%以上的失败都是源于现金流的困惑，而非商业模式。

第六个特点是，要把握好时间和商机。在中国，需要领先潮流，但不要领先太多，否则容易招致失败。张树新创建的瀛海威信息通信有限责任公司，是中国第一家真正做互联网的公司，被称为"中国信息行业的开拓者"。当时有一个著名的口号说："中国离互联网时代还有多远？向北1500米。"结果张老师成了"先烈"，如今很多人已经记不起她了，但这是一个应该被记住的名字。

最后，还有一个很重要的因素就是好的领袖。在一个创业团队中，领袖的作用非常重要。创业成功与否其实与一个人的人格和性格有非常大的关系。创业成功的人都有哪些品质呢？首先，我们发现企业能不能做大，与创业者的人品是有极大关系的。只有诚实、有良知的创业者的企业才能做大。人品不好的创业者也可以赚钱，但是要把企业做大，没有良知是走不远的。其次，要有超越的心态、一定的情怀，企业能不能做长久与创业者的情怀有很大关系。比如，马云演讲起来慷慨激昂、唾沫横飞，而其他很多人演讲的时候也慷慨激昂，但马云与其他人不一样的地方在于，他所讲的都是自己真正相信的东西，很多人演讲的内容自己都不信，下了演讲台后甚至还干些"偷鸡摸狗"的事。我们投过一家所谓的"民族企业"，这家企业处处标榜民族情怀，但它自己却拿出9亿元资金去投股票。一个成功的创业者如果不相信自己，那么他将永远也不可能取得成功。所以一定要相信自己，要有独立的思考。创新、创造能力的基础是独立思考，独立思考的前提是思想的自由。此外，创业不是冲动，不是感情用事，而是一个非常漫长的过程，因此理性特别重要。创业还需要专注，需要坚持，需要耐得住寂寞和孤独。

最后，运动式的一拥而上不利于0到1的原创技术创造，中国未来最需要的其实是0到1的价值创造。

企业的竞争就是董事会的竞争

文 田　源 ▶ 元明资本创始合伙人
亚布力论坛创始人、主席

我想跟大家分享一下我在亚布力论坛近18年的发展过程中的观察和体会。

第一，企业竞争的本质是什么？在亚布力论坛第一届年会上，有一位企业家提出了一个非常重要的观点："中国加入WTO以后，企业之间竞争的本质是董事会的竞争。"

很多人认为，做企业是创始人、金钱之间的竞争，或是其他技术方面的竞争，其实这些都是不对的。任何一个企业都有法人治理结构，都有投资人，即使创业的时候是一个人，但最后一定会用到社会的资金，这时资本代表就会进入。所以企业在竞争中，非常重要的、也比较容易忽视的就是，你需要有一个非常好的董事会。

我们看到，很多企业的董事会里会出现各种各样的问题。比如，当年有位企业家讲到，除自己的企业外，他还管理着一家国企。有一次这家国企的董事会开会，讨论了两个问题，一个是巨大资本投入的项目，另一个是总裁的工资。讨论第一个问题大概花了20分钟，但是讨论第二个问题花了2个小时。董事们只关心自己能拿多少钱，而不关心投资带来的风险。合格的董事会对企业的发展来说非常重要，当董事会对重大问题缺乏判断力的时候，这家公司就一定没有前途。

对于这个观点，我观察了18年，发现事实的确如此。如果没有很好的董事会，这个公司以后会出现很多问题，如人事、发展战略、投资等各方面的问题。所以我认为，对于创业的年轻人来讲，这一点是非常重要的。

今天你们也许是几个同学、朋友一起创业，但是企业会长大，长大后就会有董事会，董事会邀请什么人加入？董事会有没有远见、经验？董事会能不能帮助你把握正确的方向？会不会在你犯错误的时候拦你一把，把你从悬崖边上抓回来？这些都是非常重要的。

第二，管理成长。18年前，亚布力论坛里的企业都还比较小，但是有些企业已经在纳斯达克上市了。在一次亚布力年会上，时任亚信总裁的田溯宁做了一个演讲，名叫《管理成长》。该演讲的大意是：当一家公司进入快速增长期后，会遇到各种各样的问题，如何处理这些问题，对一个创始人而言特别重要。当时我们讨论的其中一个问题今天依然存在，那就是浮躁。当企业取得一定成绩以后，创业者会觉得自己是世界上最聪明的人，会觉得所有的事情他做得都很正确。这时候你就已经开始犯错误了，但是你还不知道。在今天的创业环境中，很多人由过去的消费粮食转向了消费资本，这个时候就出现了很浮躁的心态。资本是最稀缺、最有价值的要素，但是很多公司一融资就是几百万元、几亿元，大家都在消费资本。这时，对于创业者来说，浮躁就是非常大的"犯罪"。现在我们看到中国有一种很奇特的现象，那就是当一种商业模式取得成功的时候，无数人就

会蜂拥而上，每个人都在消费资本。比如，现在很热的共享单车，摩拜、ofo做得很成功，我估计未来会有几十家单车公司涌进这个市场，可能还不止。大家拼命消费资本，很容易造成失败。浮躁的心态使企业家无法静下心来。这是在今天中国资本比较充裕的时候，我们更应该注意的一个问题。

第三，远见和战略。其实形成远见并不是那么容易的。有一个著名的公式叫做"成功等于99%的汗水加1%的灵感"。事实上，很多人把时间花在99%的汗水上，却在1%的灵感上没有花90%的时间，而这其实正是形成远见所需要的。我们今天面对一个万花筒般的社会，很难知道未来什么东西会有价值，尤其当我们很浮躁的时候，要做到有远见是非常难的。马云刚成立阿里巴巴的时候，浙江民营企业投资的资金以千亿元计算，但是当时没有人给马云投钱。可见，远见的缺乏对企业的发展有多大的影响。

我觉得做企业的远见和与远见相关的战略是非常重要的，我们现在进入了一个传统大企业倒塌、新兴企业快速成长成为王者的时代。亚布力论坛是一个非常好的磁铁，一定能吸引到中国最优秀的大脑。所以今天我们讨论AI，请科学家、成功的企业家来做分享就是要解决怎么形成远见的问题，就是再次学习。我们要比高考、大学更加用心地学习才可能培养出一点点这方面的远见，才能使自己的企业决策走向正确的方向，然后制定出正确的战略来。

第四，敬畏心。我们看到，很多过去的大企业今天都消失了，或者被竞争击垮了。所以年轻的创业者不要以为今天自己很牛就无所畏惧。处理好敬畏心需要处理好三个关系。

一是内部关系。最核心的是合伙关系与分享。很多企业都是因为内部关系没有处理好，出现了一系列的问题，从而导致企业没落。这一点，马云和阿里巴巴做得很好。

二是竞争的关系。20年前亚布力论坛成立的时候，国企、民营和外资三方面对抗，最后民营企业崛起了，如腾讯、百度、华为、阿里巴巴等。如今，我们进入了以内部竞争为主的时代，划分出了几个不同的生态，怎么处理这些生态之间的关系是全社会都要考虑的问题，而形成一个共生共长的和谐竞争关系是非常重要的。只有这样才能使企业有真正长久的发展。

三是和政府的关系，就是习近平总书记讲的"亲清关系"。做企业，最主要的就是合法、合规，守住底线。企业做大是小概率事件，做久是大概率事件。只要做久就有机会做大，30年足以做一个阿里、腾讯了。这一点也非常重要。

教育之本

文 俞敏洪 ▶ 新东方教育科技集团董事长

"创业不能忘本。"所谓的"本"是什么概念？就是每项业务背后的客户需求和商业路径。我们做任何事情，都要明白是为了什么，在此基础上再去选择我们的模式。

以教育为例，教育最重要的目的是把学生培养成一个真正健康的、人格独立完整的、知识到位的人才。家长最需要什么？就是他们的孩子能够健康成长。在中国，成长的概念就体现在孩子的成绩必须好。中国把所有青年人的成长狭隘地看成一个概念，就是"成绩好了一切都好"。虽然我们知道这个概念有问题，但在当下，无论是从教育体系，还是从家长的角度来说，都无法纠正它。除此之外，其实家长还有另外一个潜在的需求，就是孩子不只成绩好，还要人格完整、身心健康。

我们可以把这些需求分成两个层次：一个是成绩的需求，另一个是孩子真正成长的需求。目前中国所有的培训机构，都只满足了成绩的需求，就是"我让你的孩子成绩好，他的身心健康跟我没关系，考试成绩好就行了"。这种观念导致很多培训机构对孩子狭隘、极端地要求成绩。

如果回到"本"上，那些能够帮助孩子健康成长的东西，毫无疑问就是最优质的教育资源和教育内容。优质的教育资源就包括最优秀的老师，所以凡是不符合这个需求点的，即使能够打中其他痛点，但最终都不会管用。前几年，在教育领域出现了几百家O2O教育公司，现在几乎一家都没有了，就是因为它们仅仅搭建了一个平台，而老师素质如何他们并不在乎，老师是不是高质量、能不能带来优质的教学，根本没人管。

　　只要跟教育相关，就必须提供顶级的教育资源，至于教育资源是通过线上还是线下传播都无所谓。逻辑思维的"得到"中人们付费最多的内容有两个，一个是一天分享一本书，用十几分钟来阐述这本书的主要内容和观点，这样用户就不用自己去读了；另一个是顶级教授的课程，最典型的就是北大薛兆丰的课程，从2016年3月上线到现在已有15万人购买，我就是其中之一。每人199元，15万人一共就是3000万元。

　　实际上，在优质的教育资源上老百姓从来都不怕花钱。况且像薛兆丰这样的经济学家的课程还不是刚性需求，中小学生的学习才是真正的刚性需求，这样你就明白这里面的空间有多大了。为什么有些家长不管"新东方"提供什么样的教学场所、有没有互联网，都想把孩子送过来？因为他们希望孩子在这里能够完成两个目标：一是提高学习成绩，二是在学习中找到快乐。不论是互联网还是人工智能，都可以应用到新东方教育体系之中。但这是一个很自然的过程，最本质的核心仍然是在教学中是否融合了以上的两大需求，即学生成绩的提高及其身心健康和人格成长的需求。我对"新东方"的老师说，"新东方"是在满足家长功利成长的需求同时，我们还要做些对孩子成长有利的非功利的事情。所以，我对"新东方"的

两万多名老师提出要求——我们在帮助孩子成绩成长的同时，必须确保孩子的个性和人格能够得到提升。

其实不论是大数据、互联网、云计算，还是AR、VR、AI，都能应用在教育行业。但归根结底最重要的，还是想通过这些工具达到何种目的。回到教育上来说，只要坚持以高质量的教学内容为核心，那么如何布局自己的教学体系就相对简单了；如何把传统教室与智能相结合，如何利用算法智能化来分配教学资源，如何利用最好的AI、VR技术使教学立体化，以及如何把老师的优势和智能优势结合起来，这些对我们来说就都不难了。因为我们的核心是为所有的优质教育服务。

至于机器人能否取代老师，我认为在未来不到十年内，老师70%的教学内容都会被机器人所取代。"新东方"已经开始了这样的实验，即教室里面没有老师上课，所有真正对学生重要的知识点，经过各种设计后，可以通过机器人用非常幽默的方式向学生传授，学生也很愿意听机器人上课。但是如果教室里没有人类老师，这种教学依然是不完整的。因为人能够提供机器人知识点教学以外的关于知识融合、创造性思维和批判性思维等内容的教学。因此，未来的教学课堂是机器教学加智能教学，同时也需要人类老师情感和创新能力的发挥，从而真正培养学生完善的人格。

在我看来，未来的教育关键在于，把真正健康的、人品人格上的、从情感上到心理上的教育和知识教育结合起来，同时把知识教育让渡给人工智能，我们要把教育让渡给真正能够称为"老师的老师"。

从原子星球到数字星球

文 张树新 ▶ 联和运通控股有限公司董事长

我从1995年开始从事互联网行业到今天，很有意思的一件事是，经常有人会问我20年前是否想到了今天，我的回答是肯定的。因为我们要看到历史的进程，这不是为了回顾，为了缅怀自己的所谓"丰功伟绩"，而是为了通过历史看到未来，把握住事物发展的逻辑。

谷歌的技术总监雷·库兹韦尔（Ray Kurzweil）在其所著的《奇点临近》一书中曾提出了这样的观点：人工智能将会在2045年超越人类。因此，不妨以1939年为起点，来考察从这一年开始至今，人类的历史究竟发生了怎样的改变。

1939年，艾伦·图灵正式发表了他关于二进制和未来计算机的基本构想。当然，在这一时期，控制论和信息论的创始人维纳和香农的理论构建也开始丰满起来。但更耐人寻味的一点是，早在1837年，英格兰人巴贝奇就畅想过未来人类可以用计算机来计算所有的数学公式。著名诗人拜伦的女儿阿达·拜伦也曾畅想过用计算机进行谱曲，通过网络的连接，计算机可以帮助人类解决所有问题。

1837—1939年为一阶段，1945—2045年又是一个百年的阶段，目前看来，这两个百年阶段中真正技术的进步始于1945年第二次世界大战。第一台大型计算机出现于20世纪六十年代，体积足足有几间房间大小，但计算速率却不如我们今天手中的iPhone，而且可处理的数据量并不大。之后由小型机发展到PC、手机、智能手机、可穿戴设备和云计算技术。软件和硬件技术的不断进步与融合完成了信息革命的基础设施建设，而在技术驱动之上的便是资本驱动。如果我们做一张图标，就可以清晰地看到在不同时期，资本由政府、商业机构、风险投资、多层次资本市场以何种方式进入技术领域，技术与市场和资本之间如何形成了完美的循环。

技术进步中最重要的"门槛"便是用户规模。从历史的进程来看，200年前便有天才们对于人类数字化生活的畅想，之后的100年里基本理论数据建立，数学家图灵、维纳、香农都做出了非常大的贡献，构建了基本理论。20世纪60年代，最早的计算机和晶体管开始出现，各种技术不断融合，真正的应用驱动出现，资本市场、用户驱动、技术这三者不断进行良性互动，直到具有爆发性的、集人类大成者的iPhone出现。

我在学校授课的时候曾经问过我的学生，一台智能手机涵盖了多少个学科。学生们很难说得全面。因为我们今天的大学还是将本来相关的学科分散开来讲授，比如细分为无线电、信号、数字处理等这样微小的学科。但今天的一台智能手机，后置摄像头涉及光学知识，CPU（Central Processing Unit，中央处理器）涉及集成电路和半导体的知识，屏幕涉及化学材料科学……这当中的内容几乎涵盖了我们生活的全部。

课堂上我也曾给学生们开出过这样题目：如果在中国范围内，微信停止服务两天会产生什么后果？从本质上来看，微信其实已经类似当年微软的OS（Operating System，操作系统）。当我们使用这样的操作系统时，它不再只是一个简单的通信工具，而是我们数字化生活的全部。有人用它接收传递信息，有人用它听音乐、看视频，也有人用它进行购物等。

其实从全球互联网发展的角度来看，中国在最初落后得并不多。1987年，中国科学院高能所的曲荣生先生发出了中国的第一封电子邮件，它跨越长城走向了世界。之后欧洲的电子科学家为了全球科学家工作的方便，发明了今天大家都在使用的超文本链接，即"WWW"。互联网商业化始于1995年，中国恰巧和全球同步。在那个时间点上，伟大的互联网公司如Amazon（亚马孙）、eBay（易贝）已经出现了，ICQ也在以色列诞生了，我们山寨ICQ的QQ后来成就了伟大的微信。

第一个互联网泡沫的出现是很有意思的事情。1999年AOL（American Online，美国在线）收购了时代华纳，纳斯达克迎来了人类历史上的第一个巅峰，飙升到5048点。因为好奇，我曾经计算过纳斯达克由5048点下跌到1273点这一过程中灰飞烟灭的资金究竟有多少。我也曾经做过一次对比，当道琼斯指数最高的时候，铁路股票的泡沫破裂损失了多少资金。历史总是在不断地重复。互联网泡沫的破裂，虽然造成了很多公司的消失，但在这场火山喷发之后，火山灰也滋养了其他公司的成长。互联网的基础设施建设由此开始，谷歌公司也在1999年开始了创业历程。

如果我们把互联网的历史放到全球历史的角度来考量，那不过只是短短的一瞬。我们假设将地球45亿年的历史当作一年，那么在最后一个月的时候，生命都还没有诞生。人类的历史和地球的历史相比而言，也不过是一瞬而已。以中东的楔形文字和中国的甲骨文作为文字的开端，距今一千年前出现了阿拉伯数字和中国的造纸术、印刷术，距今五百年前有了地理大发现，之后开始了启蒙时代、文艺复兴和科学革命，最重要的是苏格兰的工业革命。从中我们可以清楚地看到，人类文明的大部分成果都是在最近的250年中诞生的。

而今天之所以和过去完全不同，可以从数据的角度来进行说明。从人类文明开始出现信息记载以来到2003年为止，所有的信息量大概为100万个1TB硬盘，但这只相当于2015年两天的信息量，在今天可能只是半天的信息量。人类历史上的第一张照片是法国科学家约瑟夫·尼埃普斯于1826年在他的家乡拍摄的，他命名为Window At Le Gras（Le Gras窗外的景色，亦译为"鸽子窝"）。从1826年到2013年的不到两百年中，全世界大约拍摄了3.5万亿张照片，其中的1/10拍摄于2013年。现在每两分钟的照片拍摄量大约等于19世纪的照片总和。如果我们从国王棋盘的角度来看摩尔定律，1969年算作第一个格子，那么在2015年才刚刚走完国王棋盘的一半，前一半的数量我们可以想象，但后一半才是指数增长。可以说，指数增长脱离数据单，靠我们的大脑是很难想象出来的。

那么互联网是什么？从我个人做投资的角度，更关心的是互联网在改变什么，它对于社会科学、人的心理、人的教育以及整个人类意味着什么。

互联网最大的影响是用生活数字化的方式造成了权力的转移。权力的转移这一点很好理解，从信息传媒的角度来看，门户网站出现后，我们转向新浪、搜狐这样的网站，不再看像《人民日报》、中央电视台这样的传统媒体，而现在我们则转向了朋友圈。现在每一个信息的受体同时也是信息的传播体，信息传播的方式由"一对多"变成"多对多"，信息获得的权力向信息守者转移。通俗点来说就是："我的信息我做主，我想看什么就看什么。"同样，从回声学效应的角度来看，我不想看的就可以不看，即我们常说的"拉黑"。

这种权力的转移同样衍生到了我们生活的其他方面。我们在网上的购物习惯和偏好可以被网络记录，由此网络会向我们推送我们可能需要的商品供挑选，这时就变成了"我的商品我做主"。在大学，如果老师没有将学生带入学科逻辑的能力，那么学生完全可以自学，他们所需要的一切知识都可以在互联网中找到，这就是"我的教育我做主"。近几年来，医疗进行转型，数字化大健康的概念应运而生。只要数据足够大，便可以匹配到数字化的基因靶向，这便是"我的生命我做主"。

我们今天的衣食住行都与权力的转移有着密切的关系，未来的技术会以融合的方式相互促进成长，因此在商业构建模式方面一定要重新出发，重新构想。未来我们很可能由现在的原子星球迁徙到数字星球，现有的模式并不能应用到那些从未在原子星球生存过的人群当中，因此想象力至关重要。

还有一点需要明确，数字化是不可避免的，尽管它已经带来了很多挑战。财富在不断地重新分配，赢者通吃，败者则不可避免地技术性失业。组织架构会不断进行重组和改造，当前中国的这种低工资模式难以对抗摩尔定律的指数增长。当数字化来临之时，拥抱它是唯一选择。因为所有人都必须终生学习，知识并不是死的，而是在时时进步。未来的组织一定是学习型组织，拥有创新思维，理解和践行着互联网精神。

【互动环节】

提问1： 中国未来的互联网及商业模式发展前景如何？

张树新： 其实中国未来的机会很大。虽然过去20年我们基本在复制，但阿里巴巴、百度、腾讯已经完成了本地化。阿里巴巴打跑了eBay，微信也用一种将Facebook和Twitter相结合的方式取得了极大的成功。互联网最大的特点是用户规模驱动，而中国恰恰是数字星球最大的居民，拥有最多的用户。因此互联网将是中国最后的人口红利行业，用户需求驱动与技术实现之间的距离越来越短，诞生了大量的创新应用，机会众多，会产生非常多的本地模式。未来的生活将是科技与人文的交叉驱动，而人文驱动则是由用户来驱动的，因此虽然技术是全球化的，但中国的应用和商业模式创新会具有强大的生命力。

现在有很多中国的公司到硅谷投资技术，之后学以致用地在中国进行本土化，根据用户特点来形成新的商业模式，这种方式有很大的概率取得成功。当今技术已经积累到了全面数据融合的阶段，技术与应用之间的实现频率逐渐缩短，甚至半年或三个月即可全部翻新，因此中国将获得更大的机会。加之中国的数字原住民们已经留学回国，中国的商业模式将与世界的商业模式越来越近。

提问2： 分享经济是否会影响未来的生活方式？

张树新：对于分享经济，我目前着眼于它是否会成为未来能源短缺及环境污染的解决方案。Uber和Airbnb将这个星球上已有的居住空间和移动空间进行了更有效的重组，做到了信息对称。假设我们大量的事情都可以做到这般有效的重组，那么当今全世界的房屋是否已经足够？除了无人驾驶车以外，我们是否还有必要再生产原来那些汽车？但这些都是一个开放的问题，目前还没有答案。

提问3：随着互联网的发展，未来我们的学校教育是否会消失？教师这样的职业是不是也会随之消亡？

张树新：教师职业不会消失，但一定会改变其存在方式。教师肯定不能再只是传授知识，因为所有死的知识都可以通过互联网进行自学。但中国有其特殊情况，目前仍采用应试教育，而且这似乎是唯一一个可以让全民教育相对公平的方式。从学生素质成长的方式来看，无论玩游戏还是通过互联网进行学习，都是不断获取知识的方式。当今大学面临的最大问题是学科全面重建，原有的知识体系太老了，需要建立新的交叉学科。但教师不会消失，教育中需要教师来针对性地解决问题，这种互动是不可取代的。

后记: 我们需要一本《创业宝典》吗

当你决定创业

阎焱是国内最早混迹投资圈的，入行25年以上，看过3000个项目。当今如火如荼的年轻人创业风潮，他是最坚定的反对者，他的口头禅是："百分之九十九的创业都是失败的，更不用说年轻人的创业了。"

这几年，年轻人创业俨然成为新时代的"上山下乡"运动。旧增长模式难以为继，创新必然成为新的替代模式，成为经济增长的新引擎，而年轻人天生是创新的主体；大学持续扩招所带来的就业压力，使得鼓励年轻人创业就成为缓解大学生就业压力的有效途径。

更重要的是，媒介所制造的互联网成功幻觉仿佛使每个人都置身于风口，离成功仅一步之遥。下一波风潮很快会降临到自己头上，只要你摆好了姿态，纵身一跃，互联网蓝海就会展开她温暖的臂弯拥抱你。出名要趁早，创业更要趁早！

于是，我们所接触的年轻创业者中，不乏投机主义者、机会主义者，一部分人玩概念、博眼球、眼高手低、夸夸其谈。他们既没有伟大创业者的情怀和坚持，也缺乏资源、阅历及团队经验，眼见他起高楼，又眼见他宴请宾客，再眼见他楼塌了。

你需要经验和守则

但是，人群中确实存在一部分人，可能是一小部分人，尤其是年轻人，他们富有洞察力和冒险精神，希望以创业实现梦想、改变世界。这时候，你可能的确需要他人的经验和守则。虽然每一条创业道路都不尽相同，他人的痛苦很可能就是你的痛苦，他人的甘甜也很可能就是你的甘甜。当你决定创业，你身边不妨放一本《创业守则》，当你困顿无奈、疑惑不解时瞧上两眼，在他人的经验和教训中，发现自己。

比如，人总是倾向于高估自己。当你对自己的商业计划满怀信心时，你可能需要向自己提问："我适合创业吗？"这并不是一句风凉话。因为足够多的权威研究表明，只有极少数的人适合创业。

比如阎焱说，第一，你需要眼光。创业是创业者发现机遇并将机遇变成商业价值的过程，能不能先于其他人看到机会是非常重要的。看不到机会肯定不行，看到得太早则会成为先知，从历史上看，先知更多地会成为"先烈"，而没有成为一位价值创造者。当一个机会被所有人发现时，它的价值也就不存在了。所以，能在恰当的时候看到机会是非常重要的。

第二，动手能力。看到、看清趋势的人很多，但是真正把机会转化为行动和商业价值的人非常少。所以，能够动手的人、喜欢折腾的人，创业成功的概率一定比别人大。

第三，组织能力。创业通常都是一帮人干的，而不是一个人干的。阎焱在这些年的投资经历中发现了一个很有趣的现象，很多创业成功者都曾在学校里当过学生会干部，例如，江南春、马云、陈天桥都曾当过学生会主席。在这个大学中最没有经济利益关系的组织中，一个学生干部要想说服一些人，需要很强的组织能力和个人魅力，而这些对于一个成功的创业者而言是非常重要的。

准确地说，梦想人人都有，他人的经验和守则之所以重要，是因为它们准确地还原了梦想实现的过程。每一个创业成功者回眸来时的路时，可能都会由衷地感慨一句："这条九死一生的路终于算是走过来了！"他人的经验和守则，就体现在关键的时间节点上、这条九死一生路的地貌和地形，以及走路人的心思与意念。在我们把这些创业故事和守则浓缩成这本书的内容过程中，同样收获良多，甚至觉得，也许我们也可以创业！

梦想必须是确定的

在这里，我们要感谢创业者们所提供的创业经历与创业故事，也要感谢成功创业者们的经验总结。通过它们，我们可以一窥创业之路的崎岖与坎坷，避开陷阱，摸索向前。这也正是我们将这些创业故事和创业守则进行浓缩的原因所在，而这一项工作离不开一些品牌理念与亚布力论坛相契合的企业支持。比如芙蓉王文化，在公众眼中，芙蓉王一直是一个低调、不事张扬的品牌。但就在这种低调中，多年的潜心运作让芙蓉王顺利地成为中国烟草行业中式卷烟的代表品牌。用心聆听、厚积薄发，这或许就是企业乃至个人成功的关键。"传递价值，成就你我。"芙蓉王的品牌理念强调价值的传递与成就的共享，这与亚布力论坛的宗旨——"让企业有思想，让思想能流传"不谋而合，也与企业家们发扬与传承企业家精神的希望和努力相契合。在此，感谢芙蓉王文化愿意与我们一起，成为中国企业家精神的传递者。

我们还要记住一句"牛人"的格言：他人即地狱！他人的经验和守则，说到底，只能作为参考，我们要投入、热情、真实做自己，但无论结果怎样，你都赢得了世界。因为创业不是一锤子买卖，不只是流量、规模、上市和财富；创业本质上是一种生活态度，是怀揣梦想走过艰难险阻的一段人生经历。

最后，我们用轮值主席冯仑的一个小故事与所有已经创业或者想创业的朋友们共勉。"那时我很落魄，走在海南的街上。我问旁边的人：'你看我现在像什么？'他说：'你像一个落魄书生。'我说：'不对。我看我像一个一定能挣大钱但现在确实还没挣到大钱的人。'我讲这个故事是想告诉大家，其实人生中大部分的事情都是不确定的：最初能不能拿到投资，不确定；一开始会不会有客户，不确定；起初创业怎么记账，可能也不太会；另外产品如何生产，能不能达到生产标准，也不确定。总之，我们都有一个不确定的人生，但是你心中的梦想必须是确定的。"